DESENHO ARQUITETÔNICO BÁSICO:
da prática manual à digital

CONSELHO EDITORIAL
André Costa e Silva
Cecilia Consolo
Dijon de Moraes
Jarbas Vargas Nascimento
Luis Barbosa Cortez
Marco Aurélio Cremasco
Rogerio Lerner

Elaine Maria Sarapka
Marco Aurélio Santana
Maria Alzira Marzagão Monfré
Simone Helena Tanoue Vizioli
Virgínia Célia Malaquias da Costa

DESENHO ARQUITETÔNICO BÁSICO:
da prática manual à digital

Ilustrações:
Marco Aurélio Santana
Andressa Ferreira
André Stecchi
Eduardo Rizzi
Graziele Nacimbem da Silva

Desenho arquitetônico básico: da prática manual à digital
© 2022 Elaine Maria Sarapka, Marco Aurélio Santana, Maria Alzira Marzagão Monfré, Simone Helena Tanoue Vizioli, Virgínia Célia Malaquias da Costa
Editora Edgard Blücher Ltda.

Publisher Edgard Blücher
Editor Eduardo Blücher
Coordenação editorial Jonatas Eliakim
Produção editorial Catarina Tolentino
Preparação de texto Évia Yasumaru
Diagramação Adriana Aguiar
Revisão de texto MPMB
Capa Leandro Cunha
Imagem da capa iStockphoto adaptada pelos autores

Blucher

Rua Pedroso Alvarenga, 1245, 4° andar
04531-934 – São Paulo – SP – Brasil
Tel.: 55 11 3078-5366
contato@blucher.com.br
www.blucher.com.br

Segundo o Novo Acordo Ortográfico, conforme 5. ed. do *Vocabulário Ortográfico da Língua Portuguesa*, Academia Brasileira de Letras, março de 2009.

É proibida a reprodução total ou parcial por quaisquer meios sem autorização escrita da editora.

Todos os direitos reservados pela Editora Edgard Blücher Ltda.

Dados Internacionais de Catalogação na Publicação (CIP)
Angélica Ilacqua CRB-8/7057

Desenho arquitetônico básico : da prática manual à digital / Elaine Maria Sarapka... [*et al*.]; ilustrado por Marco Aurélio Santana... [*et al*.]. – São Paulo : Blucher, 2022.

120 p. : il.

Outros autores: Marco Aurélio Santana, Maria Alzira Marzagão Monfré, Simone Helena Tanoue Vizioli, Virgínia Célia Malaquias da Costa
Outros ilustradores: Andressa Ferreira, André Stecchi, Eduardo Rizzi, Graziele Nacimbem da Silva
Bibliografia
ISBN 978-65-5506-529-9 (impresso)
ISBN 978-65-5506-525-1 (eletrônico)

1. Arquitetura 2. Desenho arquitetônico I. Sarapka, Elaine Maria II. Santana, Marco Aurélio

22-1485   CDD 720.28

Índice para catálogo sistemático:
1. Desenho arquitetônico

APRESENTAÇÃO

Estamos muito felizes em apresentar o nosso mais recente livro, *Desenho arquitetônico básico: da prática manual à digital*. O livro está totalmente atualizado com as novas normas e com conteúdo necessário para quem precisa se comunicar por meio da linguagem do desenho arquitetônico.

Nós somos os autores do livro *Desenho Arquitetônico Básico*, editado pela Editora Pini em 2009, que teve como objetivo cobrir uma lacuna em publicações com conteúdo didático acessível a alunos, professores e profissionais da área, que utilizam o desenho arquitetônico como linguagem de comunicação.

Ao nos reunirmos no intuito de atualizá-lo, uma vez que as normas técnicas sofrem atualizações de tempos em tempos, nos deparamos com mais assuntos que necessitavam de abordagem. E mais do que uma simples revisão ou atualização, geramos um novo livro.

Ao abordar as normas de desenho arquitetônico, o livro inova, acrescentando dicas para a adequação dessas normas nas representações gráficas que são produzidas por softwares específicos de desenho. A representação gráfica é extremamente importante para que haja uma perfeita comunicação entre todos os envolvidos no projeto, por isso organizamos os assuntos em uma sequência adequada para o uso em sala de aula. Em uma linguagem acessível, esta obra poderá ser utilizada como meio de consulta para estudantes e até profissionais que tenham dúvidas ou necessitem se atualizar.

O livro *Desenho arquitetônico básico: da prática manual à digital*, tem como finalidade auxiliar professores, alunos e profissionais da área na compreensão e importância da linguagem gráfica abordando os assuntos com informações atualizadas e mais do que nunca necessárias aos profissionais que utilizam essa ferramenta de comunicação.

Elaine Maria Sarapka
Marco Aurélio Santana

PREFÁCIO

Enio Moro Junior

Desde o início da minha formação em arquitetura e urbanismo, sempre gostei de ver, e também de tentar compreender, as linguagens de representação dos espaços: aquelas linhas, tracejados, hachuras, todas tão precisas e claras de modo que os vários profissionais que compreendessem aquela forma de representação poderiam edificar com exatidão uma obra da arquitetura ou da engenharia.

Essa magia da transformação da representação de bidimensionalidades (filha direta da geometria) em volumes e formas nas quais as pessoas moram, trabalham e se divertem é muito precisa e ao mesmo tempo poética e musical: as métricas do desenho, as rimas das formas, a harmonia das linhas paralelas repletas de significado, a formatação do desenho, as espessuras, etc. que traduzem uma realidade complexa de maneira simples e precisa.

Passei a compreender a riqueza do desenho arquitetônico quando necessitava, de forma rápida, livre e abstrata, mostrar para meus professores no início da faculdade minhas propostas gráficas para solucionar os primeiros desafios acadêmicos. Percebi que meu desenho livre se aprimorou com o desenvolvimento das falsamente temidas aulas de desenho arquitetônico. Tudo caminhava conjuntamente.

A compreensão e a segurança de conhecer uma linguagem técnica que pode transformar sonhos em realidade são encantadoras. Ao mesmo tempo, essa linguagem conversa com vários profissionais do mundo da construção civil, padronizando as informações e permitindo que equipes que não se conhecem trabalhem coletivamente em tempos iguais e diferentes. Qual outra linguagem consegue esse feito com essa precisão?

Tão logo recebi de minha amiga Elaine Sarapka, uma das autoras desta obra juntamente com outros tão queridos e competentes amigos, o material deste livro para prefaciar, percebi que estava diante de uma produção extremamente qualificada: processo narrativo para apresentação dos conceitos, estratégias de condução ao leitor seja ele estudante, profissional ou simplesmente um amante das formas de representação; a delicadeza nas explicações de um universo tão específico, a substituição das complexidades por uma narrativa de fácil compreensão, entre outras inúmeras estratégias de organização dos conteúdos.

Somente autores com profundo conhecimento e engajamento poderiam nos oferecer esta obra fundamental com tamanha qualidade. Este livro confirma, desde seu lançamento, seu papel de condutor para todos aqueles que queiram aprender e evoluir na compreensão da linguagem técnica da arquitetura. Aproveitem, pois desenhar é preciso!

CONTEÚDO

1.	**INTRODUÇÃO**	**13**
2.	**ÍNDICE DE FIGURAS**	**15**
3.	**CONCEITOS INICIAIS**	**21**
	Instrumental de desenho	21
	Letra técnica	22
	Formatos de papel	24
	Carimbos	25
	Dobramento de cópias de desenho	27
	Linhas de representação	29
	Principais normas da ABNT relacionadas à representação gráfica	31
4.	**REPRESENTAÇÕES PLANAS (PRIMEIRA ABORDAGEM)**	**33**
	Planta de edificação	33
	Planta de cobertura	34
	Cortes	35

Fachadas	36
Planta de situação	37
Implantação	37
Planta chave	38

5. REPRESENTAÇÃO DE ELEMENTOS ARQUITETÔNICOS — 39

Paredes	39
Esquadrias	40

6. ESCALAS, INDICAÇÕES GRÁFICAS E COTAS — 49

Escala numérica	49
Escala gráfica	52
Indicações gráficas	52
Cotagem	57
Indicação de nível	62

7. DETALHAMENTO DAS REPRESENTAÇÕES PLANAS — 65

Planta do(s) pavimentos(s)	65
Planta com Layout	67
Cobertura	68
Cortes	73
Elevação (fachada)	76
Implantação	77

8. DICAS PRÁTICAS DE REPRESENTAÇÃO GRÁFICAS DE PROJETO — 81

Traçado	81
Hachuras	83
Humanização de planta	84

9. CIRCULAÇÃO VERTICAL 87

Espaços de circulação 87

Rampas 87

Escadas 88

10. MADEIRAMENTO DO TELHADO 93

Tipos de tesoura 93

Forças aplicadas na tesoura 94

Espaçamento entre peças 96

Planta de cobertura com desenho do madeiramento 98

11. FASES DO PROJETO DE ARQUITETURA 99

Representação gráfica e etapas de elaboração de projetos 99

Áreas Técnicas 99

Etapas dos Projetos 99

12. EXERCÍCIOS RESOLVIDOS 109

13. REFERÊNCIAS 117

INTRODUÇÃO

Por meio de informações históricas, o projeto arquitetônico ou qualquer registro de uma obra eram muitos raros até o Renascimento (período entre os séculos XIV e XVI). Embora já existisse uma larga produção arquitetônica, o arquiteto era responsável por criar e comandar a execução de determinada edificação.

A partir do Renascimento a prática de representação do projeto tem início, num primeiro momento, por esboços que representavam a obra em sua totalidade, e foi se desenvolvendo de acordo com as necessidades sentidas pelos profissionais em se comunicar com aqueles que executavam a obra, passando a haver um distanciamento entre o arquiteto que projeta e o profissional que executa.

É importante ressaltar que no Renascimento foram criadas algumas técnicas para a representação de perspectivas na prática da pintura.

O desenho arquitetônico foi evoluindo e ganhou sua linguagem, que é a forma de se comunicar, com simbologias e escritas. O grande desafio é que o desenho seja lido e interpretado por pessoas de vários segmentos que farão parte do processo de construção da edificação, não esquecendo do cliente, e que seja feito com máxima fidelidade para que a obra finalizada reflita exatamente a maneira como foi concebida e projetada.

Cada país possui suas próprias normas, mas há um intercâmbio entre países por meio da Internacional Organization for Standadization (ISO), norma internacional para que um desenho elaborado em um país seja entendido em qualquer outro, o que torna possível a um arquiteto projetar em qualquer parte do mundo.

Assim como as características do desenho foram sendo concebidas e firmadas, os suportes e ferramentas para sua representação também foram sofrendo modificações no decorrer da história. Em épocas não tão distantes o projeto era concebido por meio do que chamamos "croqui", um primeiro esboço feito à mão livre, mas obedecendo a uma determinada escala, e depois desenvolvido em suas diversas etapas no papel com a utilização do lápis com diferentes espessuras e tipos de grafite. Ao final o produto era gerado em papel vegetal do qual seriam impressas cópias para finalidades diversas. Com o passar do tempo na finalização do projeto passou-se a empregar a tinta nanquim, que resultava num desenho mais duradouro e mais nítido nas cópias.

No final do século XIX, os softwares de desenho começam a ser utilizados e se desenvolvem rapidamente, tornando-se mais acessíveis, otimizando a produção dos projetos e facilitando sua reprodução. Porém a necessidade de comunicação entre todos os envolvidos continua presente e para isso é necessário que a linguagem continue a ser empregada e seja única. Os softwares, no entanto, são em sua maioria de origem internacional e se faz necessária sua adequação às normas nacionais, que são aprovadas e editadas pela Associação Brasileira de Normas Técnicas (ABNT).

O desenho arquitetônico continua a ser a principal forma de comunicação entre os profissionais envolvidos na execução de uma edificação e também do cliente, portanto, necessita seguir as normas de representação estabelecidas quanto às simbologias, assim como às normas de formatação de folhas, dobras e outras que contribuem com uma estética voltada ao melhor entendimento e a rapidez e precisão na compreensão do projeto.

ÍNDICE DE FIGURAS

Figura 1.1	– Letra técnica vertical	22
Figura 1.2	– Letra inclinada	22
Figura 1.3	– Utilização de réguas no desenho	23
Figura 1.4	– Formato de papel	25
Figura 1.5	– Modelo de carimbo	26
Figura 1.6	– Modelo de carimbo para aprovação na Prefeitura (São Paulo)	27
Figura 1.7	– Dobramento de folhas	28
Figura 1.8	– Dobramento de folhas	29
Figura 1.9	– Linhas de contorno contínuas	29
Figura 1.10	– A linha contínua mais fina	29
Figura 1.11	– Linhas tracejadas	29
Figura 1.12	– Linhas de projeção	30
Figura 1.13	– Linhas de eixo ou coordenadas	30
Figura 1.14	– Linhas de cotas contínuas	30
Figura 1.15	– Linhas auxiliares contínuas	30
Figura 1.16	– Linhas de interrupção de desenho	30
Figura 1.17	– Linhas de corte	30
Figura 2.1	– Perspectiva isométrica de uma seção horizontal da edificação	33
Figura 2.2	– Planta simplificada (vista da parte inferior após o corte horizontal)	34

Figura 2.3 – Perspectiva isométrica da cobertura   34

Figura 2.4 – Vista superior da cobertura   35

Figura 2.5 – Planta de cobertura simplificada   35

Figura 2.6 – Perspectiva isométrica de uma seção vertical da edificação   35

Figura 2.7 – Corte transversal simplificado do lado esquerdo da edificação   35

Figura 2.8 – Corte transversal simplificado do lado direito da edificação   35

Figura 2.9 – Perspectiva isométrica com indicação das fachadas   36

Figura 2.10 – Fachada principal simplificada   36

Figura 2.11 – Fachada lateral simplificada   36

Figura 2.12 – Exemplo de planta de situação (simplificado) sem escala   37

Figura 2.13 – Implantação simplificada   38

Figura 2.14 – Planta chave sem escala   38

Figura 3.1 – Representação de paredes em planta e corte   39

Figura 3.2 – Representação de paredes com linha de revestimento   40

Figura 3.3 – Porta em planta   40

Figura 3.4 – Porta de abrir – uma folha   41

Figura 3.5 – Porta de abrir – duas folhas   41

Figura 3.6 – Porta vai e vem – uma folha   42

Figura 3.7 – Porta vai e vem – duas folhas   42

Figura 3.8 – Porta pivotante   42

Figura 3.9 – Porta de correr embutida   43

Figura 3.10 – Porta de correr – duas folhas   43

Figura 3.11 – Porta de correr – quatro folhas   43

Figura 3.12 – Porta pantográfica (camarão)   43

Figura 3.13 – Porta de enrolar   44

Figura 3.14 – Representação de janela simplificada em planta   45

Figura 3.15 – Representação de janela simplificada em corte   45

Figura 3.16 – Representação de janela de correr – duas folhas   46

Figura 3.17 – Representação de janela de correr – quatro folhas   46

Figura 3.18 – Representação de janela pivotante   46

Figura 3.19 – Representação de janela Maxim ar   46

Figura 3.20 – Representação de janela de abrir   47

Figura 4.1 – Régua escolar   50

Índice de figuras 17

Figura 4.2 – Escala triangular 50

Figura 4.3 – Leitura das dimensões na família da escala 1:200 51

Figura 4.4 – Escala triangular 51

Figura 4.5 – Escala gráfica 52

Figura 4.6 – Indicações de Norte 52

Figura 4.7 – Indicação do norte geográfico e do norte magnético 53

Figura 4.8 – Simbologias mais comuns empregadas em projetos 53

Figura 4.9 – Título do desenho 53

Figura 4.10 – Indicação de chamadas 53

Figura 4.11 – Indicação de detalhes construtivos 54

Figura 4.12 – Indicação gráfica dos acessos 54

Figura 4.13 – Indicação do sentido ascendente 54

Figura 4.14 – Indicação de inclinação em planta de cobertura 55

Figura 4.15 – Indicação de detalhes 55

Figura 4.16 – Marcação de coordenadas 56

Figura 4.17 – Marcação de cortes 57

Figura 4.18 – Linhas de cotas 57

Figura 4.19 – Cotas internas e externas 59

Figura 4.20 – Cotas totais e intermediárias 59

Figura 4.21 – Cotas dos vãos das portas e janelas 60

Figura 4.22 – Cotas de portas e janelas 60

Figura 4.23 – Janela baixa em planta 61

Figura 4.24 – Janela alta em planta = peitoril maior ou igual a 1,50 m 61

Figura 4.25 – Cotas de caixilharia em Projeto Executivo 62

Figura 4.26 – Representação de nível em corte e planta 63

Figura 5.1 – Modelo de planta 66

Figura 5.2 – Modelo de planta de *layout* 67

Figura 5.3 – Elementos do telhado em vista 68

Figura 5.4 – Elementos do telhado em perspectiva 69

Figura 5.5 – Exemplos de mansarda, claraboia e dômus 69

Figura 5.6 – Inclinação do telhado 70

Figura 5.7 – Construção gráfica da inclinação do telhado 71

Figura 5.8 – Tipos de cobertura 71

Figura 5.9 – Curvas de nível formam seus componentes 72

Figura 5.10 – Modelo de planta de cobertura com indicações dos cortes 73

Figura 5.11 – Modelo de corte transversal com indicações necessárias 74

Figura 5.12 – Modelo de corte longitudinal com indicações necessárias 74

Figura 5.13 – Fachada principal 76

Figura 5.14 – Modelo de implantação para estudo preliminar 78

Figura 6.1 – Passo a passo de um desenho arquitetônico 82

Figura 6.2 – Representação de materiais mais utilizados 83

Figura 6.3 – Hachuras empregadas para identificação em projeto de reforma 84

Figura 6.4 – Figuras de árvores em planta 84

Figura 6.5 – Figuras de árvores em vista 84

Figura 6.6 – Figura de pessoas em vista 85

Figura 7.1 – Representação de planta e vista de uma rampa 88

Figura 7.2 – Detalhe de degrau 88

Figura 7.3 – Modelo de escada em planta 89

Figura 7.4 – Modelo de escada em vista 90

Figura 7.5 – Construção do corte, definição dos espelhos 90

Figura 7.6 – Construção do corte, definição dos pisos 91

Figura 7.7 – Intersecção das linhas dos pisos com as dos espelhos 91

Figura 7.8 – Construção da escada em corte 91

Figura 7.9 – Modelo de escada de um lance em vista 92

Figura 8.1 – Tipo tesoura com vão de 3 a 6 metros 94

Figura 8.2 – Tipo tesoura com vão de 6 a 8 metros 94

Figura 8.3 – Tipo tesoura com vão até 13 metros 94

Figura 8.4 – Indicação das forças que atuam nos elementos das tesouras 94

Figura 8.5 – Componentes da estrutura do telhado 95

Figura 8.6 – Telhado completo com sentido de colocação das telhas 95

Figura 8.7 – Exemplo do espaçamento utilizado para telhas francesas 96

Figura 8.8 – As telhas se encaixam umas nas outras 97

Figura 8.9 – Telhado e seus componentes 98

Figura 10.1 – Planta do pavimento térreo 109

Figura 10.2 – Planta de cobertura 110

Figura 10.3 – Construção do corte, cortes e elevação finalizados 111

Índice de figuras **19**

Figura 10.4 – Modelo de implantação com indicações   112

Figura 10.5 – Modelo de planta   113

Figura 10.6 – Modelo de planta de cobertura com indicações   114

Figura 10.7 – Resposta do corte transversal   115

Figura 10.8 – Resposta do corte longitudinal   115

Figura 10.9 – Resposta da fachada principal   116

CAPÍTULO I
CONCEITOS INICIAIS

INSTRUMENTAL DE DESENHO

Os instrumentos de trabalho devem ser bem cuidados e bem acondicionados para que o desenho seja bem executado.

Lista básica de instrumentos para desenhos no papel:

- lapiseira: grafite de espessura 0,3, 0,5 e 0,7 ou 0,9 mm;
- grafite com dureza HB, B e 2B (escala de dureza);
- borracha branca;
- papel (o formato dependerá da necessidade);
- régua paralela, régua "T" ou prancheta (A3 ou A2);
- jogo de esquadros de acrílico, sem graduação;
- escala plana de 30 cm;
- escala triangular (com escalas 1/20, 1/25, 1/50, 1/75, 1/100 e 1/125);
- compasso de precisão.

Observação:
A qualidade do instrumental influencia na execução do desenho.

Com a inserção dos desenhos paramétricos para a apresentação de projetos, são utilizados vários elementos para a correta representação de um projeto arquitetônico.

> Este livro não irá abordar como utilizar ferramentas paramétricas para a confecção de projetos no sistema BIM,[1] porém, irá apresentar quais dimensões devem ser adotadas para tamanhos de letras e espessuras de linhas para uma correta apresentação de projeto.

LETRA TÉCNICA

A escrituração correta de letreiros e algarismos faz parte da boa apresentação do projeto.

As principais exigências na escrita em desenhos técnicos são:

- legibilidade;
- uniformidade.

Para escrever à mão livre é necessário traçar linhas guias horizontais (para manter os caracteres com altura uniforme). Dessa forma, a escrituração nunca se apoia nas linhas do próprio desenho.

A escrita pode ser vertical (Figura 1.1) ou inclinada, em um ângulo de 15º em relação à vertical (Figura 1.2).

Figura 1.1 – Letra técnica vertical. Fonte: elaborado pelos autores.

Figura 1.2 – Letra inclinada. Fonte: elaborado pelos autores.

---

1 Building Information Modeling (BIM), em português, Modelagem da Informação da Construção, é um sistema que pode utilizar várias ferramentas que permite a colaboração de diferentes profissionais durante a viabilidade, projeto, planejamento, execução e operação do edifício. Consiste no processo de criação do modelo virtual com informações técnicas da edificação.

Conceitos iniciais   **23**

Segundo a NBR 6492/2021 da Associação Brasileira de Normas Técnicas (ABNT), a dimensão das entrelinhas não deve ser inferior a 2 mm e as letras e cifras das coordenadas devem ter altura de 3 mm.

Para escrever textos em um desenho feito à mão, uma das formas de ter todas as letras padronizadas e com um mesmo formato é utilizar um normógrafo, caracterizado por réguas, geralmente confeccionadas em plástico ou laminados, com diferentes tamanhos de letras. Estas réguas levam uma numeração que corresponde ao tamanho de letra que está desenhada (Exemplo: Régua 60, Régua 80 etc.).

Para atender à norma convencionou-se utilizar as seguintes réguas (Figura 1.3) para a representação do texto em cada elemento do desenho, determinado da seguinte forma:

- RÉGUA 40 – utilizada para escrever textos indicativos no carimbo;
- RÉGUA 60 – utilizada para escrever textos de cotas e indicações;
- RÉGUA 80 – utilizada para escrever textos para indicações;
- RÉGUA 100 – utilizada para escrever textos que identificam um compartimento/ambiente;
- RÉGUA 180 ou 200 – utilizada para escrever textos que identificam um desenho.

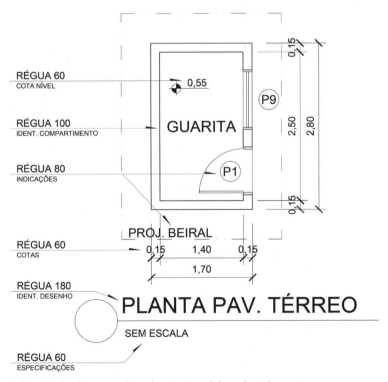

Figura 1.3 – Utilização de réguas no desenho. Fonte: elaborado pelos autores.

Quando da utilização de softwares de computação gráfica, como AutoCAD ou Revit, para um desenho desenvolvido na escala 1:1 (1 unidade equivale a 1 metro) recomenda-se a Tabela 1.1, em que constam as alturas das letras nas diversas escalas de desenhos.

Não é objetivo deste livro detalhar comandos e configurações para o AutoCAD. Segundo a NBR 6492 as alturas de texto seguem as seguintes configurações:

Tabela 1.1 – Altura das letras nas diferentes escalas

Altura das letras	Escalas 1/x							
	12,5	25	50	75	100	125	200	250
Régua 40	0,01250	0,0250	0,050	0,0750	0,10	0,1250	0,20	0,250
Régua 60	0,02000	0,0400	0,080	0,1200	0,16	0,2000	0,32	0,400
Régua 80	0,02500	0,0500	0,100	0,1500	0,20	0,2500	0,40	0,500
Régua 100	0,03125	0,0625	0,125	0,1875	0,25	0,3125	0,50	0,625
Régua 180	0,04375	0,0875	0,175	0,2625	0,35	0,4375	0,70	0,875
Régua 200	0,06250	0,1250	0,250	0,3750	0,50	0,6250	1,00	1,250

Fonte: elaborado pelos autores.

FORMATOS DE PAPEL

Os tamanhos das folhas seguem os Formatos da série "A", e o desenho deve ser executado no menor formato possível, desde que não comprometa a sua interpretação (Tabela 1.2).

Tabela 1.2 – Formatos da série "A" com dimensões em milímetros

FORMATO	DIMENSÕES	MARGEM		CARIMBO
		esquerda	outras	(com a margem direita)
A0	841 x 1189	25	10	185 x 297
A1	594 x 841	25	10	
A2	420 x 594	25	7	
A3	297 x 420	25	7	
A4	210 x 297	25	7	

Fonte: elaborado pelos autores.

Os formatos da série "A" têm como base o formato A0, retângulo de área igual a 1 m^2 e de lados medindo 841 mm x 1189 mm. Este retângulo guarda entre si uma relação entre o lado de um quadrado e sua diagonal 841/1189 = 1/$\sqrt{2}$ (Figura 1.4).

Para o desenho de uma folha, a margem externa da folha (limite do tamanho da folha) deve ser desenhada utilizando um traço fino (utilizar grafite H) e a margem interna da folha deverá ser representada com um traço grosso (grafite 2B) para desenhos feitos à mão.

Conceitos iniciais

 Quando da utilização de softwares de computação gráfica, como AutoCAD ou Revit a margem externa deverá ser desenhada com espessura de 0,20 mm de espessura e a margem interna deverá ser desenhada com 0,80 a 1,20 mm de espessura.

Na necessidade de utilizar formatos fora dos padrões mostrados na Tabela 1.2, é recomendada a utilização de folhas com dimensões de comprimentos ou larguras correspondentes a múltiplos ou a submúltiplos dos padrões citados.

A utilização da folha é normatizada e padronizada, sendo objeto de Normas Técnicas.

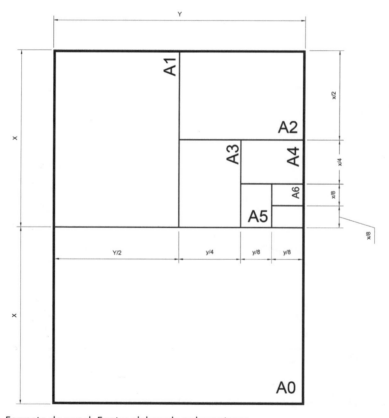

Figura 1.4 – Formato de papel. Fonte: elaborado pelos autores.

CARIMBOS

O canto inferior direito das folhas de desenho deve ser reservado ao carimbo destinado à legenda de titulação e numeração dos desenhos (Figura 1.5).

Devem constar na legenda, no mínimo, as seguintes informações:

- identificação da empresa e do profissional responsável pelo projeto;

- identificação do cliente, nome do projeto ou do empreendimento;
- título do desenho;
- indicação sequencial do projeto (números ou letras);
- escalas;
- data;
- autoria do desenho e do projeto;
- indicação de revisão.

Outras informações devem localizar-se próximas do carimbo:

- planta;
- escalas gráficas;
- descrição de revisão;
- convenções gráficas;
- notas gerais;
- desenhos de referência.

Figura 1.5 – Modelo de carimbo. Fonte: elaborado pelos autores.

Na Figura 1.6 é apresentado um exemplo de carimbo de folha para aprovação de projeto na Prefeitura. Esse carimbo usualmente ocupa o canto inferior direito da folha de projeto e mede 18,50 cm x 29,70 cm. Quando a folha for dobrada a dimensão final do carimbo somada à margem esquerda será de 21,00 cm.

 Quanto a espessuras de traços e tamanhos de fontes a serem utilizadas no carimbo, não existe uma regra que determina tais dimensões, porém, deve ser levado em conta a legibilidade e apresentação em sua elaboração.

Como sugestão, recomenda-se utilizar as seguintes réguas para o carimbo:

- RÉGUA 40 ou 60 – identificação de titulação (exemplo: Projeto, Cliente);
- RÉGUA 100 – texto de preenchimento dos campos;
- RÉGUA 180 ou 200 – texto identificando o nome da empresa e número da folha.

Figura 1.6 – Modelo de carimbo para aprovação na Prefeitura (São Paulo). Fonte: elaborado pelos autores.

DOBRAMENTO DE CÓPIAS DE DESENHO

Sendo necessário o dobramento de folhas das cópias de desenho, o formato final deve ser o A4.

As folhas devem ser dobradas levando-se em conta a fixação por meio de aba em pastas e de modo a deixar visível o carimbo destinado à legenda (Figura 1.7).

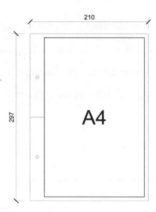

Figura 1.7 – Dobramento de folhas. Fonte: elaborado pelos autores.

Efetua-se o dobramento a partir do lado direito em dobras verticais de 185 mm; a parte final "a" é dobrada ao meio. Para o formato A2, por ser a parte final de apenas 114 mm, é permitido um dobramento simplificado, com dobras verticais de 192 mm.

Uma vez efetuado o dobramento do sentido da largura, a folha deve ser dobrada segundo a altura, em dobras horizontais de 297 mm.

A fim de facilitar o dobramento, recomenda-se assinalar, nas margens, as posições das dobras.

Quando as folhas do formato A0, A1, e A2 tiverem de ser perfuradas, para arquivamento, deve-se dobrar para trás o canto superior esquerdo (Figura 1.8).

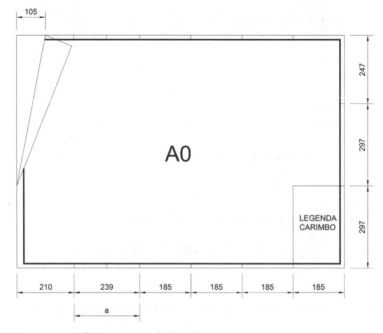

Figura 1.8 – Dobramento de folhas. Fonte: elaborado pelos autores.

Formato A0 = 1189 × 841 mm:

Margem esquerda = 25 mm

Demais margens = 10 mm

Para formatos de folhas A2, A3, A4:

Margem esquerda = 25 mm

Demais margens = 7 mm

LINHAS DE REPRESENTAÇÃO

Os tipos de linhas nas representações gráficas são padronizadas e são muito importantes para o entendimento do projeto (desenho).

Linhas de contorno: contínuas (Figura 1.9). A espessura varia com a escala e a natureza do desenho. A espessura 0,6 mm (indicada no exemplo abaixo) refere-se às espessuras de canetas nanquins. Ao utilizar a lapiseira como instrumento de desenho, esta linha pode ser desenhada com grafite 0,7 ou 0,9 mm. Usualmente elas indicam linhas de contorno em corte. Também são utilizadas para contornos de paisagem.

————————————————————————— (± 0,6 mm)

Figura 1.9 – Linhas de contorno contínuas. Fonte: elaborado pelos autores.

Representação de hachuras: linha contínua estreita (caneta nanquim de 0,4 mm) (Figura 1.10) deve ser usada para linhas que estão em vista. Esta espessura equivale à grafite de espessura 0,5 mm.

————————————————————————— (± 0,4 mm)

Figura 1.10 – A linha contínua mais fina. Fonte: elaborado pelos autores.

Representação de arestas não visíveis e contornos não visíveis: tracejadas (Figura 1.11). Equivale à grafite de 0,5 mm de espessura.

– (± 0,2 mm)

Figura 1.11 – Linhas tracejadas. Fonte: elaborado pelos autores.

Representação de projeções de pavimentos em balanço, marquises e beirais. Detalhes situados antes do plano de corte: traço e dois pontos (Figura 1.12). A espessura desta linha depende do valor da projeção. Usualmente utiliza-se a mesma espessura que as linhas de contorno. Para caneta nanquim, a norma indica espessura de 0,2 mm, que equivale à grafite 0,5 mm.

— ·· — · · — · — · — · · — · · — · · — · · — · · — ·· (± 0,2 mm)

Figura 1.12 – Linhas de projeção. Fonte: elaborado pelos autores.

Linhas de eixo ou coordenadas: traço longo e ponto (Figura 1.13). Essas linhas demarcam também, a simetria do objeto desenhado. São firmes, definidas e podem ser executadas com lapiseira 0,3 mm (correspondente à espessura 0,2 mm da caneta nanquim).

—— · —— · —— · —— · —— · —— · —— · —— · —— · —— (± 0,2 mm)

Figura 1.13 – Linhas de eixo ou coordenadas. Fonte: elaborado pelos autores.

Linhas de cotas: contínuas (Figura 1.14). São firmes, definidas, porém, com espessura de grafite 0,3 mm. Incluem-se as linhas de chamadas, que compõem a execução da cota (ver Capítulo IV sobre cotas).

———————————————————————— (± 0,2 mm)

Figura 1.14 – Linhas de cotas contínuas. Fonte: elaborado pelos autores.

Linhas auxiliares: contínuas (Figura 1.15). Essas linhas são desenhadas com caneta nanquim 0,1 mm ou com grafite 0,3 mm. São também chamadas de linhas de construção. Devem ser desenhadas com traço o mais leve possível e não precisam ser apagadas do desenho final.

———————————————————————— (± 0,1 mm)

Figura 1.15 – Linhas auxiliares contínuas. Fonte: elaborado pelos autores.

Linhas de interrupção de desenho: mesmo valor que as linhas de eixo (Figura 1.16)

————————————⋏———————————— (± 0,15 mm)

Figura 1.16 – Linhas de interrupção de desenho. Fonte: elaborado pelos autores.

Linhas de extremidades e na mudança de direção na marcação dos planos de corte: traço e ponto extralargo. Estas linhas são desenhadas com caneta nanquim 0,8 mm ou com grafite 1,0 mm (Figura 1.17). Para determinar o sentido de leitura do corte é aplicada simbologia indicativa com setas (ver indicações gráficas)

▬▬ · ▬▬ · ▬▬ · ▬▬ · ▬▬ · ▬▬ · ▬ (± 0,5 mm)

Figura 1.17 – Linhas de corte. Fonte: elaborado pelos autores.

Quando da utilização de softwares de computação gráfica como AutoCAD ou Revit, recomenda-se utilizar as seguintes espessuras de linha para representação de desenho:

Espessura	Utilização
0,05	Hachuras de piso, *layout*
0,10	Linha de piso, *layout*, hachuras, linhas de cota
0,15	Peitoril, movimento de porta, mureta baixa de jardim, linhas de indicação, linhas de projeção, hachuras, caixilhos na escala 1:200
0,20	Muros, caixilhos, folhas de porta, gradil
0,25	Batentes, divisórias, madeira em corte
0,30	Alvenaria em corte na escala 1:100
0,40	Estrutura em corte na escala 1:100 e alvenaria em corte nas escalas 1:75 e 1:50
0,50	Estrutura em corte nas escalas 1:75 e 1:50 e alvenaria em corte na escala 1:20 e 1:25
0,60	Estrutura em corte na escala 1:20 e 1:25
0,80	Linha Interna da Margem

PRINCIPAIS NORMAS DA ABNT RELACIONADAS À REPRESENTAÇÃO GRÁFICA

A execução de desenhos técnicos é inteiramente normalizada pela ABNT. Os procedimentos para execução de desenhos técnicos aparecem em normas gerais que abordam desde a denominação e classificação dos desenhos até as formas de representação gráfica, bem como em normas específicas que tratam os assuntos separadamente. A seguir apresentamos as principais normas em vigor.

- NBR 16752/2020 – Especifica o formato das folhas de desenho e os elementos gráficos, a localização e a disposição do espaço para desenho, espaço para informações complementares e legenda, o dobramento de cópias e o emprego de escalas a serem utilizadas em desenhos técnicos.

- NBR 16861/2020 – Estabelece os requisitos para a apresentação dos tipos e larguras de linhas e para a escrita, usadas em desenhos técnicos.

- NBR 10067/1995 – Princípios gerais de representação em desenho técnico.

- NBR 12298/1995 – Representação de área de corte por meio de hachuras em desenho técnico.

- NBR 10126/1998 – Cotagem em desenho técnico.

- NBR 5671/1991 – Participação profissional nos serviços e obras de engenharia e arquitetura.

- NBR 16636-1/2017 – Elaboração e desenvolvimento de serviços técnicos especializados de projetos arquitetônicos e urbanísticos – Parte 1: Diretrizes e terminologia. Esta Parte da ABNT NBR 16636 estabelece os procedimentos gerais e as diretrizes para a aplicabilidade e produção das principais etapas para a elaboração e o desenvolvimento dos serviços especializados de projetos técnicos, profissionais, arquitetônicos e urbanísticos, considerando-se outras normas específicas e apropriadas, de acordo com as diversas especialidades envolvidas em cada projeto.

- NBR 16636-2/2017 – Elaboração e desenvolvimento de serviços técnicos especializados de projetos arquitetônicos e urbanísticos – Parte 2: Projeto arquitetônico. Esta parte da ABNT NBR 16636 especifica as atividades técnicas envolvidas no desenvolvimento do projeto arquitetônico, com foco em edificações.

- NBR 16636-3/2020 – Elaboração e desenvolvimento de serviços técnicos especializados de projetos arquitetônicos e urbanísticos – Parte 3: Projeto urbanístico. Esta parte da ABNT NBR 16636 estabelece as atividades técnicas envolvidas no desenvolvimento do projeto urbanístico, com foco em novas cidades, trechos urbanos ou redesenho de áreas urbanas existentes a serem renovadas.

- NBR 6492/2021 – Documentação técnica para projetos arquitetônicos e urbanísticos – Requisitos.

- NBR 9077/2001 – Saídas de emergências em edifícios.

- NBR 9050/2020 – Acessibilidade para portadores de deficiência.

É parte da habilitação profissional do arquiteto e urbanista a correta representação gráfica conforme as Normas ABNT.

CAPÍTULO II
REPRESENTAÇÕES PLANAS
(PRIMEIRA ABORDAGEM)

Neste capítulo são apresentadas as definições de cada representação. O detalhamento gráfico será abordado no Capítulo IV.

PLANTA DE EDIFICAÇÃO

Define-se planta como a "vista superior do plano secante horizontal, localizado a, aproximadamente, 1,50 m do piso de referência (Figuras 2.1 e 2.2). A altura desse plano pode ser variável para cada projeto de maneira a representar todos os elementos considerados necessários" (NBR 6492/2021). As plantas de edificações podem ser do térreo, subsolo, andar-tipo, cobertura, entre outros.

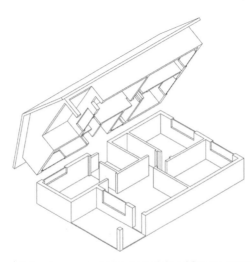

Figura 2.1 – Perspectiva isométrica de uma seção horizontal da edificação. Fonte: elaborado pelos autores.

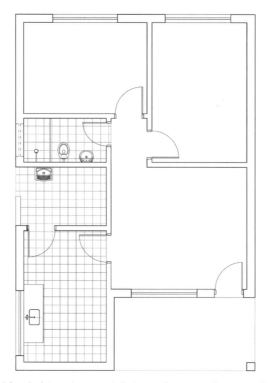

Figura 2.2 – Planta simplificada (vista da parte inferior após o corte horizontal). Fonte: elaborado pelos autores.

PLANTA DE COBERTURA

A planta de cobertura representa a vista superior do telhado, e deve representar também o tipo de fechamento (telhado, laje ou outros) a ser adotado na construção e o contorno invisível (linha tracejada) da edificação (Figuras 2.3 a 2.5).

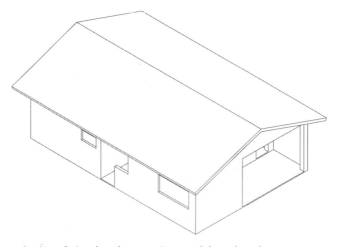

Figura 2.3 – Perspectiva isométrica da cobertura. Fonte: elaborado pelos autores.

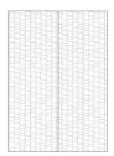

Figura 2.4 – Vista superior da cobertura.
Fonte: elaborado pelos autores.

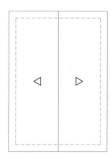

Figura 2.5 – Planta de cobertura simplificada.
Fonte: elaborado pelos autores.

CORTES

Os cortes são resultantes de um plano secante vertical que divide a edificação em duas partes (Figura 2.6). Este plano pode ser no sentido longitudinal ou transversal.

Os cortes devem ser dispostos de forma a mostrar o máximo possível de detalhes construtivos (Figuras 2.7 e 2.8). Pode haver deslocamento do plano secante onde necessário, devendo ser indicados na planta o seu início e final.

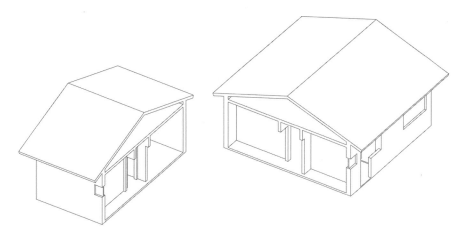

Figura 2.6 – Perspectiva isométrica de uma seção vertical da edificação. Fonte: elaborado pelos autores.

Figura 2.7 – Corte transversal simplificado do lado esquerdo da edificação. Fonte: elaborado pelos autores.

Figura 2.8 – Corte transversal simplificado do lado direito da edificação. Fonte: elaborado pelos autores.

FACHADAS

As fachadas são as vistas externas da construção (Figuras 2.9 a 2.11). Sua representação auxilia a compreensão do projeto.

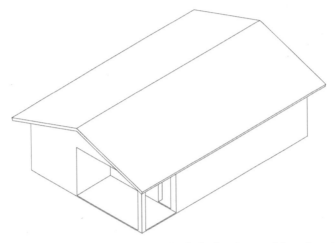

Figura 2.9 – Perspectiva isométrica com indicação das fachadas. Fonte: elaborado pelos autores.

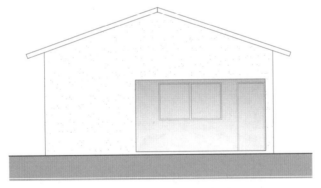

Figura 2.10 – Fachada principal simplificada. Fonte: elaborado pelos autores.

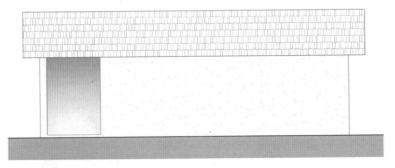

Figura 2.11 – Fachada lateral simplificada. Fonte: elaborado pelos autores.

PLANTA DE SITUAÇÃO

Este desenho esquemático tem a função de mostrar a localização do lote (e da construção) inserido na quadra. Geralmente este desenho é feito no carimbo do projeto encaminhado à Prefeitura e pode ser apresentado sem escala.[1]

Devem constar informações como: dados sobre o logradouro, ruas circunvizinhas, lotes adjacentes, indicação do norte e amarração do lote com a esquina mais próxima a ele (Figura 2.12).

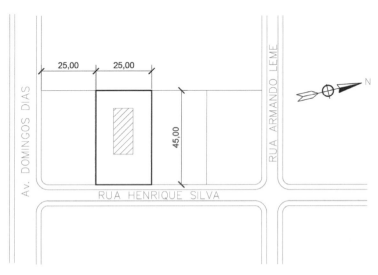

Figura 2.12 – Exemplo de planta de situação (simplificado) sem escala. Fonte: elaborado pelos autores.

IMPLANTAÇÃO

A implantação é um desenho mais completo que a planta de situação e deve ser desenhada em escala (Figura 2.13). Tem a função de mostrar todos os detalhes externos da construção (ver Capítulo IV).

---

1 As regras de representação, como escala e quantidade de informação, podem variar de um município para outro.

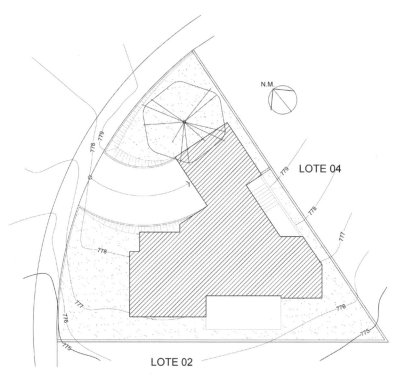

Figura 2.13 – Implantação simplificada. Fonte: elaborado pelos autores.

PLANTA CHAVE

A planta chave é um desenho simplificado utilizado para auxiliar qual parte do projeto está sendo apresentada na folha em questão, quando o projeto possuir mais de um bloco e/ou quando o bloco não puder ser representado integralmente na folha, devendo este ser seccionado. Sua representação deverá conter apenas o limite do terreno com o contorno da construção feito em traço fino. O limite destacado do bloco demonstrado na folha deverá ter um peso gráfico forte com seu contorno com a linha em traço grosso (Figura 2.14). A demarcação da área construída deverá ser hachurada com linhas paralelas oblíquas representadas com traço fino. A planta chave é uma representação sem escala e deve estar localizada próxima ao carimbo.

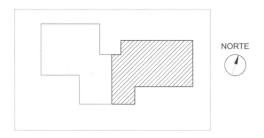

Figura 2.14 – Planta chave sem escala. Fonte: elaborado pelos autores.

CAPÍTULO III
REPRESENTAÇÃO DE ELEMENTOS ARQUITETÔNICOS

PAREDES

A primeira etapa para a representação de um desenho arquitetônico é a demarcação das paredes. Estas devem ser representadas com dois traços paralelos (traço grosso) distantes um do outro na espessura da parede. Usualmente, para construções projetadas utilizando blocos de concreto ou cerâmicos, consideramos a espessura da parede de 0,20 a 0,25 metro de espessura para paredes externas e 0,15 metro de espessura para paredes internas. Quando utilizado elementos como divisórias em gesso acartonado (*drywall*) a espessura da parede deverá ser de 0,07 a 0,10 metro de espessura. Esta representação é válida para desenhos de planta e corte.

Figura 3.1 – Representação de paredes em planta e corte. Fonte: elaborado pelos autores.

 Quando da utilização de softwares de computação gráfica como AutoCAD ou Revit, a espessura das linhas para representação das paredes deverá seguir a dimensão de:
- 0,30 para desenhos na escala 1:200 e 1:125;

- 0,40 para desenhos na escala 1:100, 1:75 e 1:50;
- 0,50 para desenhos na escala 1:25 e 1:20.

Para projetos executivos em que são utilizadas escalas maiores (1:50 ou maior), costuma-se ser inserida na representação da parede uma linha paralela de revestimento (0,02 a 0,025 metro de espessura), sendo esta representada por uma linha estreita (0,20 de espessura em softwares de computação gráfica) seguida por uma linha larga correspondente à linha da alvenaria (0,40 a 0,50 de espessura).

Figura 3.2 – Representação de paredes com linha de revestimento. Fonte: elaborado pelos autores.

ESQUADRIAS

A representação das portas em planta deve conter elementos mínimos como a interrupção da parede determinando o vão de sua abertura, a folha da porta e indicação de movimento (Figura 3.3). Dependendo da escala utilizada, devem ser incluídas a representação dos batentes e maçanetas (escalas maiores, por exemplo: 1:75/1:50), lembrando que quanto maior a escala, maior será o detalhamento da representação.

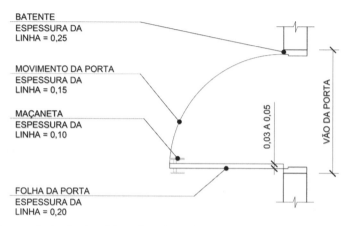

Figura 3.3 – Porta em planta. Fonte: elaborado pelos autores.

Para portas com abertura de giro (portas de uma ou duas folhas, portas pivotantes e portas vai e vem) a representação deve ser feita considerando-as abertas ou semiabertas. Deve-se indicar o movimento das portas representado por um arco com o centro localizado no eixo de abertura (dobradiça) partindo do batente em direção à folha.

Quando em corte, a porta deverá ser representada apenas com duas linhas paralelas seguindo o alinhamento das paredes. Se a mesma for representada em vista, deverá conter o vão da abertura da porta e, eventualmente, indicação do sentido de movimento da porta que é representado por duas linhas formando uma seta ("<" ou ">"), sendo que as extremidades opostas estarão localizadas no eixo da dobradiça e a ponta da seta estará localizada na extremidade da maçaneta.

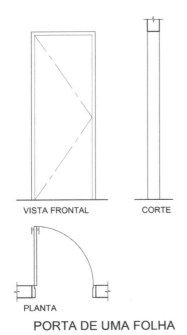

Figura 3.4 – Porta de abrir – uma folha.
Fonte: elaborado pelos autores.

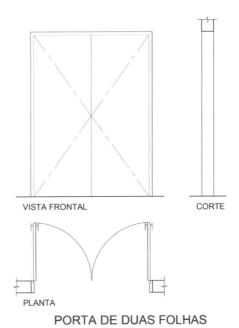

Figura 3.5 – Porta de abrir – duas folhas.
Fonte: elaborado pelos autores.

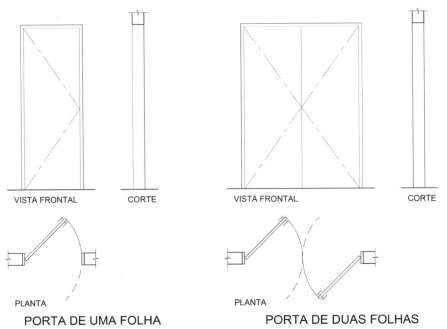

PORTA DE UMA FOLHA

Figura 3.6 – Porta vai e vem – uma folha.
Fonte: elaborado pelos autores.

PORTA DE DUAS FOLHAS

Figura 3.7 – Porta vai e vem – duas folhas.
Fonte: elaborado pelos autores.

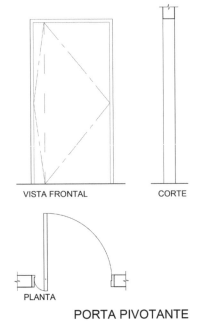

PORTA PIVOTANTE

Figura 3.8 – Porta pivotante. Fonte: elaborado pelos autores.

Para portas que correm sobre trilhos a indicação do movimento deve ser representada com uma seta, e as folhas devem estar representadas fechadas (porta de correr) ou semiabertas (porta de correr embutida ou camarão).

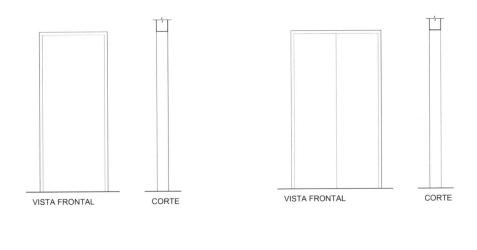

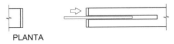

PORTA UMA FOLHA

Figura 3.9 – Porta de correr embutida.
Fonte: elaborado pelos autores.

PORTA DUAS FOLHAS

Figura 3.10 – Porta de correr – duas folhas.
Fonte: elaborado pelos autores.

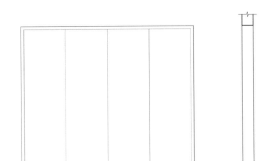

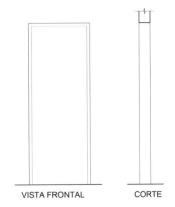

PORTA QUATRO FOLHAS

Figura 3.11 – Porta de correr – quatro folhas.
Fonte: elaborado pelos autores.

PORTA PANTOGRAFICA

Figura 3.12 – Porta pantográfica (camarão).
Fonte: elaborado pelos autores.

Para portas de enrolar, como as utilizadas em comércio, a representação em planta deve ser feita com um retângulo em linha de projeção.

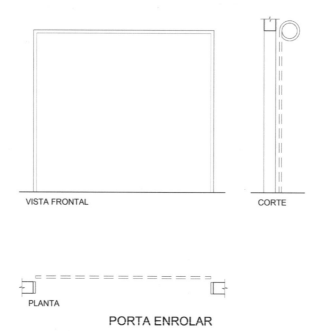

Figura 3.13 – Porta de enrolar. Fonte: elaborado pelos autores.

 Quando da utilização de softwares de computação gráfica como AutoCAD ou Revit, recomenda-se criar as portas em blocos. Quanto à espessura das linhas para representação, ela deverá seguir a dimensão de:

- 0,10 representando as maçanetas;
- 0,15 representando o movimento das portas e linhas em vista;
- 0,20 representando as folhas;
- 0,25 representando os batentes.

A representação de janelas é feita com a interrupção das linhas da parede para determinar o vão, seguidas por duas linhas estreita representando o peitoril da janela (Figura 3.14). O caixilho é representado por duas linhas com traço estreito/médio, paralelas e equidistantes em 0,03 a 0,05 uma da outra. Elas são posicionadas centralizadas em relação à parede. Dependendo da escala utilizada, devem ser incluídos a representação dos batentes e outros detalhes que auxiliem na leitura do projeto (escalas maiores – exemplo: 1:75/1:50).

Representação de elementos arquitetônicos 45

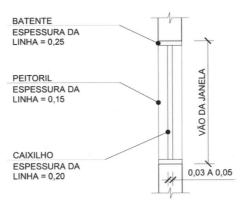

Figura 3.14 – Representação de janela simplificada em planta. Fonte: elaborado pelos autores.

Quando em corte, sua representação é semelhante à da planta, mantendo as duas linhas paralelas seguindo o alinhamento das paredes e as duas linhas com traço estreito/médio centralizadas no eixo da parede (Figura 3.15). Se a mesma for representada em vista, deverá conter o vão da abertura da janela e, para projetos em escalas maiores, pode-se, eventualmente, representar o desenho da caixilharia fechada.

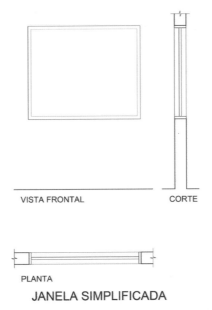

Figura 3.15 – Representação de janela simplificada em corte. Fonte: elaborado pelos autores.

Esta é a representação mais simplificada das janelas. Dependendo da escala e necessidade do projeto, pode-se diferenciar os tipos de janelas por meio de sua representação (Figuras 3.16 a 3.20).

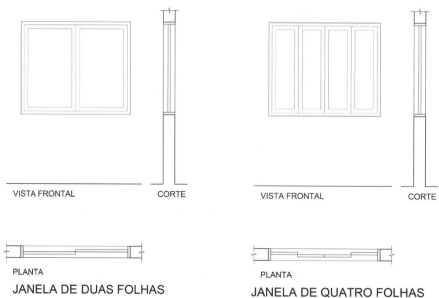

Figura 3.16 – Representação de janela de correr – duas folhas. Fonte: elaborado pelos autores.

Figura 3.17 – Representação de janela de correr – quatro folhas. Fonte: elaborado pelos autores.

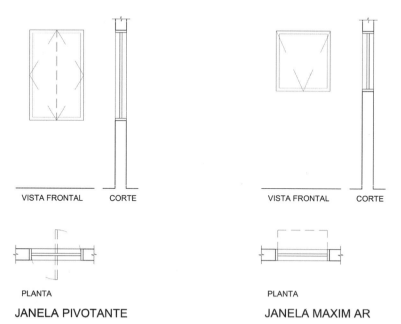

Figura 3.18 – Representação de janela pivotante. Fonte: elaborado pelos autores.

Figura 3.19 – Representação de janela Maxim ar. Fonte: elaborado pelos autores.

Representação de elementos arquitetônicos 47

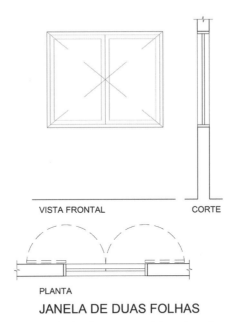

JANELA DE DUAS FOLHAS

Figura 3.20 – Representação de janela de abrir. Fonte: elaborado pelos autores.

 Quando da utilização de softwares de computação gráfica como AutoCAD ou Revit recomenda-se criar as janelas em blocos. Quanto à espessura das linhas para representação, ela deverá seguir a dimensão de:

- 0,15 representando o peitoril e linhas em vista;
- 0,20 representando os caixilhos;
- 0,25 representando os batentes.

CAPÍTULO IV
ESCALAS, INDICAÇÕES GRÁFICAS E COTAS

ESCALA NUMÉRICA

Escala é uma relação constante entre as dimensões de um desenho e as dimensões reais de um objeto.

A escala a ser escolhida para um desenho depende da complexidade do objeto a ser representado e da finalidade da representação. E deve permitir uma interpretação fácil da informação representada.

A escala e o tamanho do objeto ou elemento definem o formato da folha para o desenho.

A designação completa de uma escala deve consistir na palavra "escala" ou da sua abreviação "esc" seguida de indicação da relação entre dimensões que pode ser representada por ":" ou "/" cujos símbolos utilizados são os da operação matemática de dividir:

- escala 1:1, para escala natural, representação em verdadeira grandeza;
- escala X:1, para escala de ampliação;
- escala 1:X, para escala de redução.

O valor de X deve seguir a Tabela 4.1 a seguir.

Tabela 4.1 – Escalas mais usuais

Escalas		
Redução	Natural	Ampliação
1:2	1:1	2:1
1:5		5:1
1:10		10:1
1:50		
1:100		
1:500		

Fonte: elaborado pelos autores.

Onde:

1:1 = 1 (unidade do desenho): 1 (unidade real)

Exemplo:

Escala 1:100 – cada 1 unidade do desenho corresponde a 100 unidades reais, isto é, 1 cm no desenho corresponde a 100 cm reais (ou 1 m).

Na prática, o uso do escalímetro ou escala triangular dispensa os cálculos. O escalímetro é uma régua graduada em metros segundo os fatores de redução indicados ao lado de cada graduação.

Na régua escolar (Figura 4.1), cada número corresponde e uma unidade de medida real, isto é, o número 1 corresponde à medida de 1 cm.

Figura 4.1 – Régua escolar.
Fonte: elaborado pelos autores.

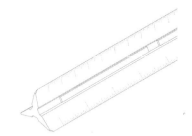

Figura 4.2 – Escala triangular.
Fonte: elaborado pelos autores.

A escala triangular (Figura 4.2) é uma derivação da escala plana (Figura 4.1) que já traz impressa a qual se refere a sua leitura em metros. Porém, pode-se dizer que a escala triangular possui seis famílias diferentes de escalas. A leitura parte daquela escala que está impressa.

Escalas, indicações gráficas e cotas 51

Por exemplo, a escala 1:100, lê-se o número 1 como 100 cm ou 1 m. Nesta mesma família há a escala 1:1000, lê-se o número 1 como 1000 cm ou 10 m, ou seja, ao se acrescentar um 0 (zero) na escala, acrescenta-se um 0 (zero) na leitura da dimensão.

Nos exemplos da Figura 4.3 tem-se a escala 1:20, em que no número 1 lê-se 100 cm ou 1 m.

Na Tabela 4.2 pode-se notar como se procede a leitura das escalas em cada família, exemplificada aqui nas escalas de 1:20 e de 1:75.

Tabela 4.2 – Leitura de escalas

Família de escalas	Leitura no número 1 indicativo na escala	Família de escalas	Leitura no número 1 indicativo na escala
1:2	10 cm	1:7,5	10 cm
1:20	100 cm (1 m)	1:75	100 cm (1 m)
1:200	1000 cm (10 m)	1:750	1000 cm (10 m)
1:2000	10000 cm (100 m)	1:7500	10000 cm (100 m)

Fonte: elaborado pelos autores.

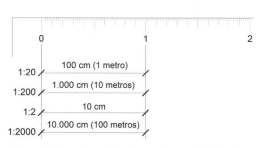

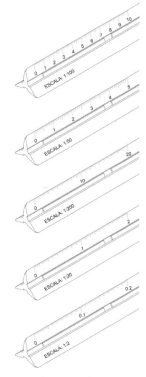

Figura 4.3 – Leitura das dimensões na família da escala 1:200. Fonte: elaborado pelos autores.

Figura 4.4 – Escala triangular. Fonte: elaborado pelos autores.

As escalas mais usuais em um desenho arquitetônico são: 1:10, 1:20, 1:25, 1:50, 1:100, 1:200, 1:500, 1:100.

 Na computação gráfica, os desenhos são realizados na escala 1:1, conforme a unidade que está sendo utilizada (metros, centímetros, milímetros etc.), ou seja, quando o desenho está usando a referência da unidade em metro, cada unidade equivale a 1 metro. A escala do desenho é definida no momento da impressão (plotagem), para isso, devem ser configuradas adequadamente as alturas dos textos, cotas, bem como simbologias utilizadas conforme a escala de plotagem.

ESCALA GRÁFICA

Outro tipo de escala é a escala gráfica. É usualmente utilizada em publicações, pois a redução e/ou ampliação de um desenho é acompanhada da redução e/ou ampliação de sua respectiva escala gráfica (Figura 4.5), mantendo-se, assim, a relação de proporção.

Figura 4.5 – Escala gráfica. Fonte: elaborado pelos autores.

INDICAÇÕES GRÁFICAS

Além da indicação da escala, o desenho deve apresentar algumas indicações como o Norte (Figura 4.6 a 4.8), detalhes, entre outras (Figuras 4.9 a 4.18).

A representação do norte magnético deve ser feita somente em planta. Recomenda-se desenhar a planta com o Norte sempre nos quadrantes superiores (nos dois quadrantes positivos).

Figura 4.6 – Indicações de Norte. Fonte: elaborado pelos autores.

Representação do Norte, onde:

N = norte verdadeiro

NM = norte magnético

NP = indicação da posição relativa entre os vários desenhos constituintes do projeto. Esta indicação é opcional e deve ser acompanhada da indicação do norte verdadeiro.

Escalas, indicações gráficas e cotas   **53**

Não existe uma simbologia padrão para a representação do Norte, porém, os elementos mínimos que esta representação deve conter são a seta apontando na direção do norte geográfico e a indicação da letra "N" na ponta da seta.

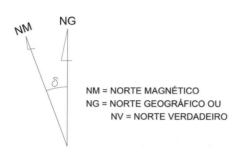

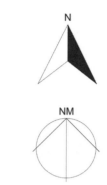

Figura 4.7 – Indicação do norte geográfico e do norte magnético. Fonte: elaborado pelos autores.

Figura 4.8 – Simbologias mais comuns empregadas em projetos. Fonte: elaborado pelos autores.

NG: norte geográfico se refere à geometria do planeta e também é denominado Norte verdadeiro.

NM: norte magnético se refere ao local para onde a agulha imantada de uma bússola aponta.

Títulos: quando houver mais de um desenho em planta, aconselha-se que se coloque o título abaixo de cada um deles, com indicação de sua respectiva escala (Figura 4.9).

Figura 4.9 – Título do desenho. Fonte: elaborado pelos autores.

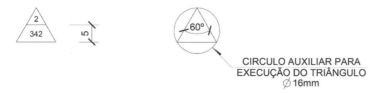

Figura 4.10 – Indicação de chamadas. Fonte: elaborado pelos autores.

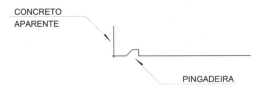

Figura 4.11 – Indicação de detalhes construtivos. Fonte: elaborado pelos autores.

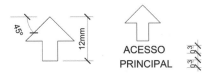

Figura 4.12 – Indicação gráfica dos acessos. Fonte: elaborado pelos autores.

 Embora os desenhos arquitetônicos feitos em ferramentas de computação gráfica normalmente sejam realizados na escala 1:1, deve-se ter em mente qual será a escala que será impresso o desenho, pois todas as simbologias devem ser adequadas à escala a ser impressa, de forma que, mesmo uma folha com mais de um desenho impresso com diferentes escalas, a simbologia deverá ter um mesmo tamanho quando impressa.

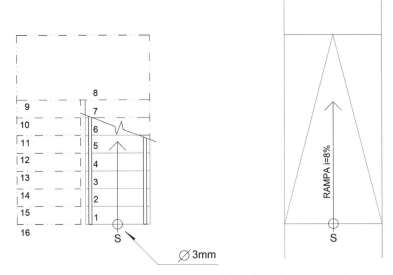

Figura 4.13 – Indicação do sentido ascendente. Fonte: elaborado pelos autores.

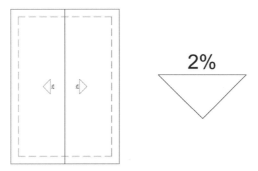

Figura 4.14 – Indicação de inclinação em planta de cobertura. Fonte: elaborado pelos autores.

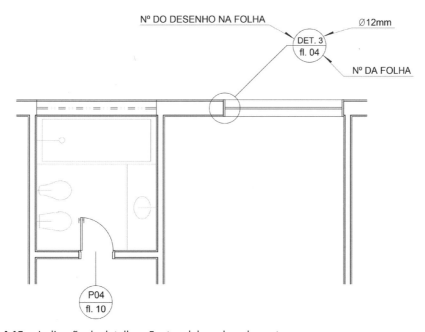

Figura 4.15 – Indicação de detalhes. Fonte: elaborado pelos autores.

Marcação de coordenadas: indica o eixo da estrutura ou modulação especial (Figura 4.16).

A NBR 6492/2021 determina utilizar numeração (por exemplo: 1, 2, 3 etc.) nos eixos transversais do projeto e o alfabeto (por exemplo: A, B, C etc.) nos eixos longitudinais do projeto.

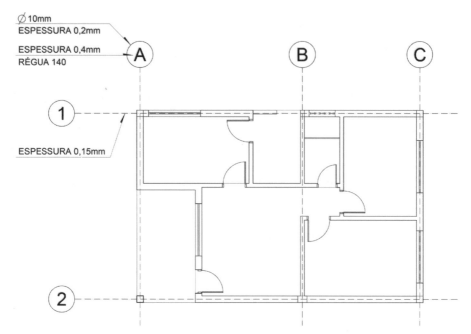

Figura 4.16 – Marcação de coordenadas. Fonte: elaborado pelos autores.

Marcação dos cortes nos desenhos em planta: a marcação das linhas de corte deve ser forte e clara para evitar dúvidas e mostrar imediatamente onde ele passa (Figura 4.17).

Quando do desenho estiver na mesma folha, deixar em branco o local designado para a numeração da folha.

Conforme a Norma NBR 6492/2021 a "marcação da linha de corte deve evitar dúvidas e mostrar imediatamente a sua localização", sendo que nas extremidades deverá conter uma simbologia representado por seta e letra, indicando a direção de leitura deste corte. Quando a linha de corte for muito extensa, ela pode ser interrompida, desde que seja delimitado o início e o término do corte. Outra opção é quando a linha for interrompida, criar uma linha com traço ponto, fina, na mesma continuidade.

Escalas, indicações gráficas e cotas

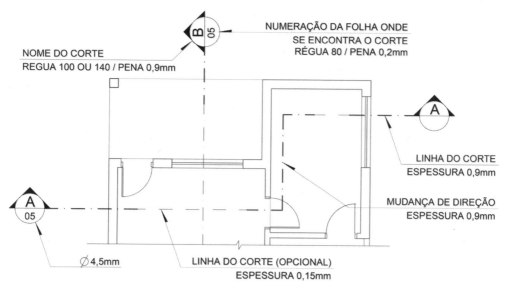

Figura 4.17 – Marcação de cortes. Fonte: elaborado pelos autores.

COTAGEM

A cotagem é a representação gráfica no desenho da característica do elemento, por meio de linhas, símbolos, notas e valor numérico numa unidade de medida (Figura 4.18).

De acordo com a NBR 10126/1998, os elementos que compõem a contagem são: a linha auxiliar, linha de cota, limite da linha de cota e a cota (valor numérico).

Figura 4.18 – Linhas de cotas. Fonte: elaborado pelos autores.

Quando da utilização de softwares de computação gráfica como AutoCAD ou Revit recomenda-se utilizar medidas de configurações das cotas proporcionais em relação à altura dos textos. Dessa forma, recomendamos utilizar como referência o valor determinado nas réguas de texto, conforme indicadas a seguir, para adequar tais proporções.

Como sugestão, recomendamos as seguintes proporções:

Elemento correspondente	Alturas recomendadas
Extensão da linha de chamada (Extend beyond dim line)	Valor da RÉGUA 60
Distância da linha de chamada em relação ao objeto a ser cotado (Offset from origin)	1 ½ a 2 vezes o valor da RÉGUA 60 (2 a 3mm verificar régua)
Dimensão do limite da linha de cota – tick (arrow size)	Valor da RÉGUA 60
Altura da Cota (Cifra) (Text height)	Valor da RÉGUA 60
Distância do texto em relação à linha de cota (Offset from dim line)	½ do valor da RÉGUA 60

- As linhas de cota devem ter distância uniforme entre si (entre 7 e 10 mm) (Figura 4.19).
- Os valores de cota anotados no desenho prevalecem sobre medidas tomadas no mesmo desenho.
- Deve-se evitar repetições de cotas.
- Não se pode traçar linha de cota ou de extensão como continuação de linhas do desenho.
- Deve-se evitar o cruzamento de cotas.
- Cotar preferencialmente de fora para dentro, isto é, as maiores dimensões ficam mais distantes do desenho e as menores, mais próximas do desenho. As menores cotas dimensionam a espessura das paredes e o vão entre elas. As cotas intermediárias representam os recortes do perímetro da construção (quando houver), e as maiores cotas representam o total da construção e eventuais recuos (Figura 4.20).
- As cotas muito pequenas podem ser indicadas ao lado da linha de extensão.
- A representação dos limites de cotas pode variar: setas, *ticks* a 45º, *dots* (pontos) etc.; porém, adotar um único estilo em um mesmo desenho.

Escalas, indicações gráficas e cotas

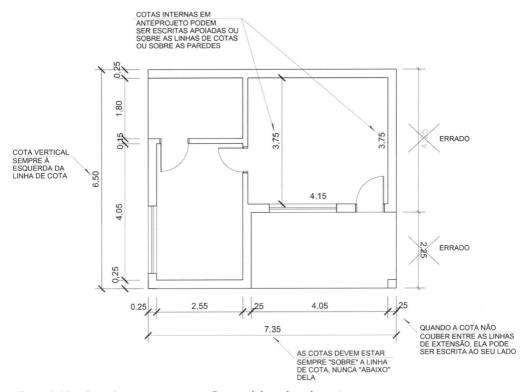

Figura 4.19 – Cotas internas e externas. Fonte: elaborado pelos autores.

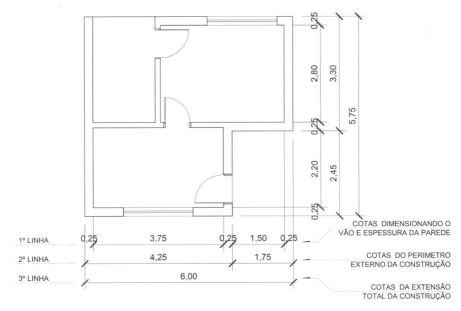

Figura 4.20 – Cotas totais e intermediárias. Fonte: elaborado pelos autores.

> **Observações:**
> - as normas de cotagem para arquitetura são semelhantes às adotadas no desenho técnico, com algumas diferenças e práticas usuais;
> - em desenhos arquitetônicos, as medidas são assinaladas na unidade metro, com exceção de projetos de estrutura metálica e eventuais detalhamentos que utilizam a unidade milímetros;
> - todas as cotas parciais são obrigatórias, incluindo-se as cotas totais;
> - nas cotas internas dos ambientes, pode-se suprimir as linhas de cota e de extensão para aprovação de projetos em prefeitura;
> - o valor numérico das cifras (cotas) deve ser sempre escrito da esquerda para a direita (cotas horizontais) e de baixo para cima (cotas verticais).

A dimensão dos vãos de portas e janelas: a cota é indicada no vão acabado (Figura 4.21).

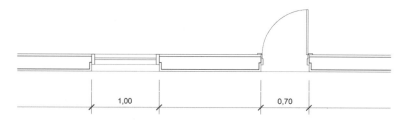

Figura 4.21 – Cotas dos vãos das portas e janelas. Fonte: elaborado pelos autores.

A indicação de portas e janelas é representada por uma simbologia constituída por um círculo com seu interior contendo uma letra representando o tipo de abertura (P = Portas/J = Janelas) seguido por uma numeração que identifica as aberturas com um mesmo tamanho. Indicação de portas e janelas, segundo NBR 6492/2021 (Figura 4.22).

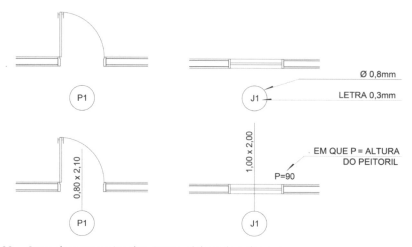

Figura 4.22 – Cotas de portas e janelas. Fonte: elaborado pelos autores.

Quando da utilização de softwares de computação gráfica como AutoCAD, recomenda-se criar estas simbologias como blocos editáveis (atributos) e seu desenho (círculo + letra e número) deverá ser realizado na escala 1x1. E, em seguida, aplicado o fator de escala conforme o desenho será impresso (exemplo: escala 1:100 – Fator de escala = 1,0 / escala 1:50 – Fator escala = 0,5 / Escala 1:200 – Fator escala = 2,0).

Na fase do anteprojeto as cotas podem aparecer nas plantas segundo as Figuras 4.23 e 4.24.

As janelas com peitoril abaixo de 1,50 m são interceptadas pelo plano de corte horizontal, portanto, o vidro do caixilho é representado em corte e os limites do peitoril são desenhados em vista (Figura 4.23).

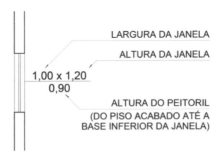

Figura 4.23 – Janela baixa em planta. Fonte: elaborado pelos autores.

Janelas com peitoril acima de 1,50 m são indicadas com linhas traço dois pontos, pois são projeções. O plano de corte não intercepta a janela (Figura 4.24).

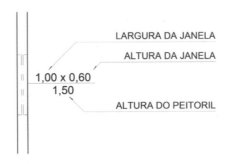

Figura 4.24 – Janela alta em planta = peitoril maior ou igual a 1,50 m. Fonte: elaborado pelos autores.

As dimensões das esquadrias podem ser indicadas por um quadro e em planta conter apenas sua identificação (Tabela 4.3).

Tabela 4.3 – Quadro geral de portas

CAIXILHO	TIPO	DIMENSÃO	PEITORIL	MATERIAL	ACABAMENTO
P1	PORTA	0,80 x 2,10	-	COMPENSADO	VERNIZ
P2	PORTA	0,90 x 2,10	-	COMPENSADO	PINTURA
P3	PORTA	1,50 x 2,10	-	COMPENSADO	PINTURA
J1	JANELA	2,00 x 1,20	0,90	MADEIRA	VERNIZ
J2	JANELA	3,00 x 1,50	0,60	MADEIRA	VERNIZ
J3	JANELA	1,20 x 0,80	1,30	ALUMINIO	ANODIZADO

Fonte: elaborado pelos autores.

Quando for elaborado um desenho executivo, com aberturas não centralizadas ou com necessidade de informar as distâncias entre os vãos e paredes, suas dimensões devem ser expressas com cifras sobre linhas de cota (Figura 4.25).

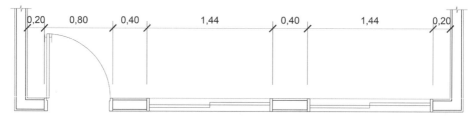

Figura 4.25 – Cotas de caixilharia em Projeto Executivo. Fonte: elaborado pelos autores.

INDICAÇÃO DE NÍVEL

O nível de um ambiente corresponde à diferença entre a altura do seu piso e o nível de referência (NR). O nível do mar é considerado o nível de referência absoluto, mas na prática pode-se adotar o nível térreo externo da construção como NR. Alguns profissionais adotam o NR no alinhamento da divisa com a guia da calçada do terreno como sendo 00,00. O importante é deixar claro onde está localizado o NR e qual o seu valor. Obrigatoriamente, todas as dimensões relacionadas ao nível expressas no desenho (cotas de nível e curvas de nível) devem partir de um mesmo NR.

O nível dos pavimentos pode ser positivo, quando acima do NR ou negativo, quando abaixo do NR.

A representação do nível em corte é diferente da representação em planta (Figura 4.26).

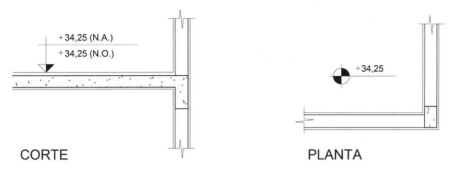

Figura 4.26 – Representação de nível em corte e planta. Fonte: elaborado pelos autores.

Onde:

- N.A. = nível do piso acabado (com revestimento);
- N.O. = nível na laje (no osso, sem revestimento).

CAPÍTULO V
DETALHAMENTO DAS REPRESENTAÇÕES PLANAS

PLANTA DO(S) PAVIMENTOS(S)

O desenho da planta é obtido pela intersecção de um plano horizontal de corte a uma altura de 1,50 m em relação ao piso. A parte superior é retirada e representa-se a vista da parte inferior, denominada *planta da edificação*. Erroneamente esse desenho é chamado usualmente de *planta baixa*.

Na representação de uma planta de edificação, além dos elementos visíveis após o corte horizontal, são acrescentadas informações complementares para facilitar a interpretação do desenho. O desenho deve conter (Figura 5.1):

- paredes;
- abertura de portas e janelas (incluindo as não visíveis – em projeção ou oculta) e suas dimensões;
- acabamento dos pisos frios (desenho da cerâmica);
- aparelhos sanitários e outros elementos fixos;
- projeção da cobertura;
- desníveis;
- cotas de comprimento e largura dos ambientes e das paredes;
- cotas totais da construção;
- dimensão dos beirais;
- nomes e áreas dos ambientes;
- cotas de nível dos ambientes internos e a cota externa de referência;

- indicação do norte verdadeiro ou magnético;
- título do desenho e escala utilizada;
- indicação dos cortes aplicados;
- indicação dos sentidos das elevações.

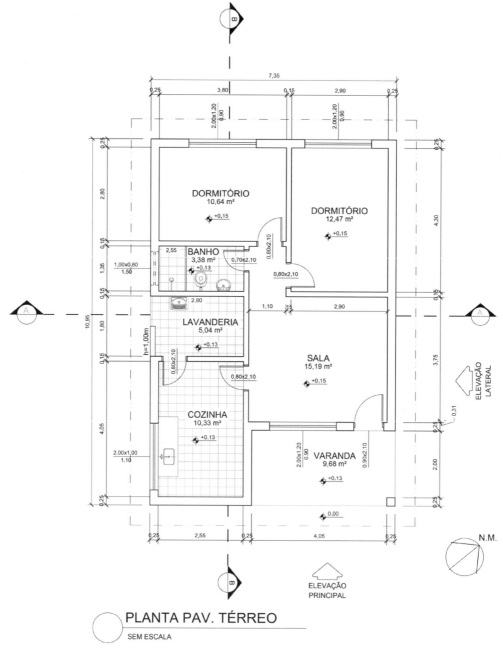

Figura 5.1 – Modelo de planta. Fonte: elaborado pelos autores.

Detalhamento das representações planas

 Quando da utilização de softwares de computação gráfica como AutoCAD ou Revit, a espessura das linhas para representação de planta dos pavimentos deverá seguir a dimensão de:

- 0,05 representando as hachuras de piso;
- 0,10 representando as linhas de piso, desníveis e linhas de cota;
- 0,15 representando o movimento das portas, peitoris das janelas, projeções, cotas de nível, linhas de indicações e equipamentos hidráulicos;
- 0,20 representando as folhas das portas, caixilhos, gradis, parede baixa e indicação do norte;
- 0,25 representando os batentes e divisórias;
- 0,35 representando as paredes;
- 0,50 representando a linha de corte.

PLANTA COM LAYOUT

O termo estrangeiro *layout* (em português, leiaute) significa diagrama, esquema. Alguns profissionais preferem adotar o termo em inglês. No projeto arquitetônico, o *layout* deve conter os mobiliários e equipamentos na mesma escala da planta, permitindo uma melhor compreensão do espaço projetado, bem como de seu dimensionamento (Figura 5.2). Para que o desenho não tenha muitas informações que o tornem visualmente poluído, neste tipo de planta aconselha-se suprimir as cotas e os textos ou colocar apenas o valor numérico da cota sem as linhas de cotas.

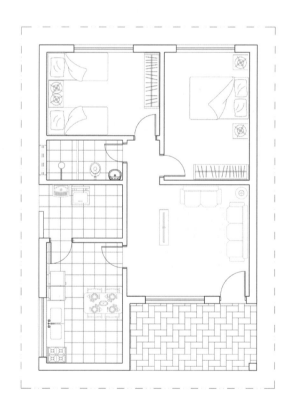

Figura 5.2 – Modelo de planta de *layout*.
Fonte: elaborado pelos autores.

Quando da utilização de softwares de computação gráfica como AutoCAD ou Revit, a espessura das linhas para representação de Planta de Layout deverá seguir a dimensão de:

- 0,05 representando as hachuras de piso;
- 0,10 representando as linhas de piso e desníveis;
- 0,15 representando o movimento das portas, peitoris das janelas, projeções e mobiliário;
- 0,20 representando as folhas das portas, caixilhos, gradis e parede baixa;
- 0,25 representando os batentes e divisórias;
- 0,35 representando as paredes.

COBERTURA

ELEMENTOS DO TELHADO

A representação dos elementos do telhado estão nas figuras 5.3 e 5.4.

- Beiral: elemento que limita o telhado.
- Águas: cada um dos panos (superfícies) inclinados do telhado.
- Cumeeira: elemento que divide horizontalmente duas águas do telhado em seu ponto mais alto.
- Espigões: elementos inclinados que dividem duas águas.
- Rincões: elementos inclinados que dividem duas águas atuando como "calha", recolhendo e conduzindo a água da chuva na direção do escoamento.

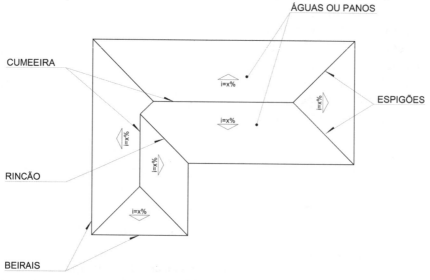

Figura 5.3 – Elementos do telhado em vista. Fonte: elaborado pelos autores.

Detalhamento das representações planas

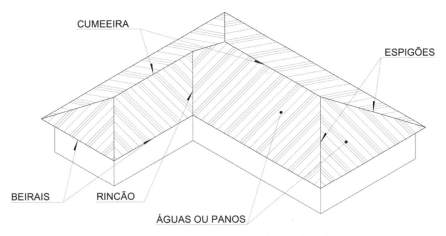

Figura 5.4 – Elementos do telhado em perspectiva. Fonte: elaborado pelos autores.

Dependendo do tipo de cobertura, podem ser encontrados outros tipos de elementos a fim de aumentar a área iluminada dos ambientes internos (Figura 5.5). Dentre eles podemos destacar:

- Dômus e claraboia: recorte na cobertura protegido com material translúcido (policarbonato, acrílico ou vidro) que permite a entrada de luz natural (iluminação zenital) em ambientes amplos ou que não possuem parede para a face externa da construção.
- Mansardas: recorte no telhado para instalação de aberturas (janelas), com a inclusão planos de cobertura aumentando a área útil do telhado

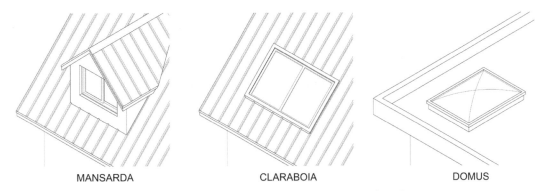

Figura 5.5 – Exemplos de mansarda, claraboia e dômus. Fonte: elaborado pelos autores.

INCLINAÇÃO DO TELHADO

As inclinações (ou caimentos) mínimas das águas do telhado são definidas pelo tipo de material, forma e rugosidade da telha, e devem permitir escoamento suficiente para evitar infiltrações. Estes valores são estabelecidos pelos fabricantes (Tabela 5.1).

Tabela 5.1 – Tabela de referência (valores mínimos – podem variar conforme o material e fabricante)

Tipo de telha	Graus	Porcentagem
Telha cerâmica de peça única (*)	18°	33%
Telha cerâmica com capa e canal (**)	13°	25%
Telha de concreto	19°	35%
Telha de fibrocimento	7°	13%
Telha metálica	4°	8%
Telha ecológica	10°	18%

(*) francesa, plan, portuguesa, romana
(**) colonial, paulista

Fonte: elaborado pelos autores.

CÁLCULO DA INCLINAÇÃO DO TELHADO

A altura de um telhado, usualmente, é calculada em porcentagem pela relação (Figura 5.6):

$$\text{Porcentagem:} \frac{\text{altura do telhado}}{\frac{1}{2} \text{ vão}} \times 100$$

Onde:

- **altura do telhado** = a altura da cumeeira
- **vão** = largura total do telhado

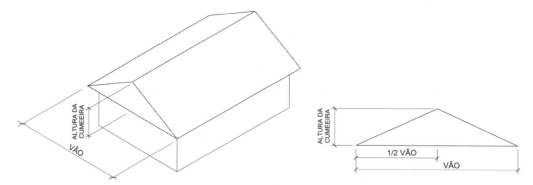

Figura 5.6 – Inclinação do telhado. Fonte: elaborado pelos autores.

A representação da inclinação pode ser feita por construção gráfica. Dada uma inclinação igual a 35%, desenha-se uma reta horizontal com o comprimento igual a 1 m e uma reta vertical com altura de 0,35 m, em qualquer escala (Figura 5.7). Obtém-se, assim, a inclinação, que pode ser transferida para a cobertura por paralelismo ou simplesmente prolongada até as dimensões do telhado fornecidas.

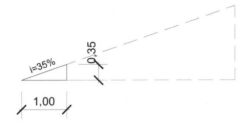

Figura 5.7 – Construção gráfica da inclinação do telhado. Fonte: elaborado pelos autores.

TIPOS DE COBERTURA

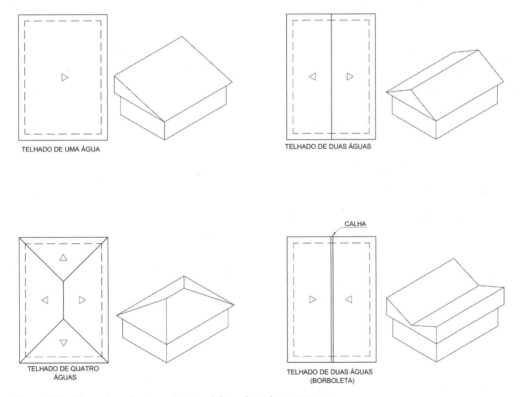

Figura 5.8 – Tipos de cobertura. Fonte: elaborado pelos autores.

DETERMINAÇÃO DOS PLANOS DA COBERTURA PELO MÉTODO DAS CURVAS DE NÍVEL

Quando um telhado possui um beiral em um mesmo nível, pode-se utilizar o método de determinação de planos pela curva de nível. A curva de nível é o lugar geométrico de todos os pontos a uma mesma altura (Figura 5.9).

- Traçar retas paralelas às bordas do telhado, sempre com o mesmo espaçamento entre elas.
- Onde as curvas de nível formarem ângulos, estarão localizados os espigões e rincões.
- As cumeeiras estarão sempre paralelas.

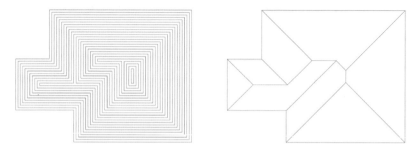

Figura 5.9 – Curvas de nível formam seus componentes. Fonte: elaborado pelos autores.

Na representação de uma planta de cobertura (Figura 5.10), além dos elementos visíveis são acrescentadas informações complementares para facilitar a interpretação do desenho, contendo:

- contorno da cobertura;
- elementos sobrepostos à cobertura, como caixa d'água, casas de força etc.;
- aberturas ou vãos para iluminação e/ou ventilação (zenital);
- limites da construção (visíveis e não visíveis);
- cotas de comprimento e largura dos elementos e/ou vãos existentes;
- cotas de comprimento e largura totais da cobertura e da construção;
- cotas dos beirais;
- divisão do telhado e indicação do seu caimento;
- título do desenho e escala utilizada;
- indicação do norte magnético;
- indicação dos cortes aplicados;
- limite da construção (tracejado).

Detalhamento das representações planas 73

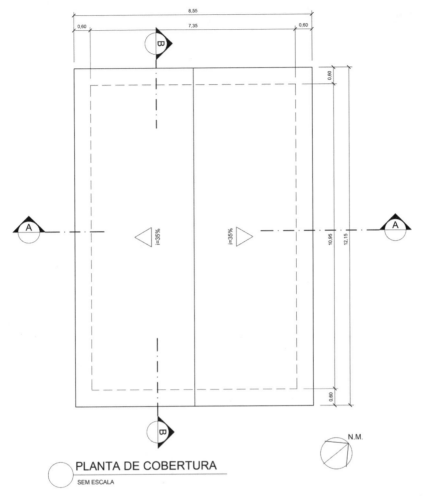

Figura 5.10 – Modelo de planta de cobertura com indicações dos cortes. Fonte: elaborado pelos autores.

CORTES

A representação completa do corte (Figuras 5.11 e 5.12) e de qualquer outro elemento gráfico, como dito anteriormente, depende da escala adotada. As paredes em corte podem representar apenas o elemento construtivo em corte, ou então, mostrar detalhes estruturais como viga, parede e revestimento.

É importante que a representação do corte mostre, claramente, por meio de diferentes espessuras de traços, os elementos que estão em corte e os que estão em vista.

Para projetos de prefeitura as paredes em corte são representadas apenas por uma linha mais espessa ou preenchidas. Para o projeto executivo (escala 1:50) as paredes mostram a estrutura com hachura de concreto, a alvenaria com traço mais espesso e o revestimento com traço mais fino.

Importante:

- Nos cortes são apenas indicadas as cotas verticais (alturas) e de níveis. Não se cotam larguras e comprimentos.
- A indicação do norte magnético é feita apenas em planta.

CORTE TRANSVERSAL

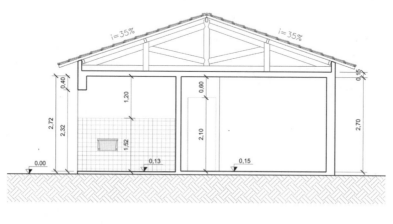

Figura 5.11 – Modelo de corte transversal com indicações necessárias. Fonte: elaborado pelos autores.

CORTE LONGITUDINAL

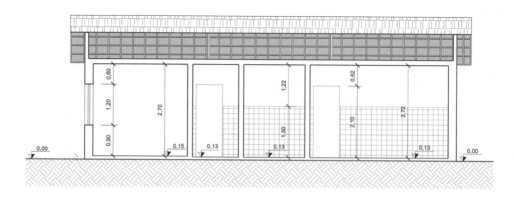

Figura 5.12 – Modelo de corte longitudinal com indicações necessárias. Fonte: elaborado pelos autores.

Os cortes devem compreender:

- paredes, lajes, contrapiso;
- aberturas (janelas e portas) tanto em corte como as que aparecem em vista no corte;
- cobertura em corte e em vista (se existir);
- indicação da inclinação da cobertura;
- as áreas molhadas são representadas com hachura ou com texto indicando B.I. (barra impermeável);
- perfil natural do terreno (linha tracejada);
- desníveis entre o interior e o exterior e desníveis entre os ambientes (quando forem inferior a 2 cm, apenas indicar no texto da cota de nível);
- cotas das alturas dos ambientes (pé-direito), dos peitoris, das alturas das janelas e vãos. Observação: as alturas dos peitoris são dadas pela medida interna, isto é, em relação ao piso interno do ambiente;
- pé-direito é altura entre o piso acabado e o teto;
- altura de piso a piso é a altura entre o piso acabado de um pavimento e o piso acabado do pavimento superior;
- nomear os ambientes (escrever próximo à linha de chão);
- os muros de divisa, as construções das áreas externas, em corte e em vista também fazem parte do corte completo;
- título do desenho e escala.

Quando da utilização de softwares de computação gráfica como AutoCAD ou Revit, a espessura das linhas para representação dos cortes deverá seguir a dimensão de:
- 0,05 representando as hachuras de revestimento e de terra;
- 0,10 representando as linhas em vista mais distantes e linhas das cotas;
- 0,15 representando as arestas das aberturas das portas e janelas, equipamentos hidráulicos em vista, arestas em vista intermediárias, indicações e perfil natural do terreno;
- 0,20 representando as folhas das portas, caixilhos, gradis, arestas em vista intermediária e perfil da cobertura;
- 0,25 representando os batentes, divisórias e arestas mais próximas do plano de corte;
- 0,35 representando as paredes;
- 0,40 representando o limite do contrapiso e da laje em concreto;
- 0,50 representando o perfil adotado do terreno.

ELEVAÇÃO (FACHADA)

Os desenhos das fachadas (Figura 5.13) correspondem às vistas externas da construção. Elas auxiliam na compreensão do projeto. Sua apresentação deve mostrar os tipos de acabamentos das fachadas e aconselha-se humanizar o desenho, isto é, inserir árvores e pessoas para se ter noção da escala e tornar a representação mais próxima do real. Usualmente, a fachada principal é a vista olhando-se da rua de acesso ao lote para a edificação.

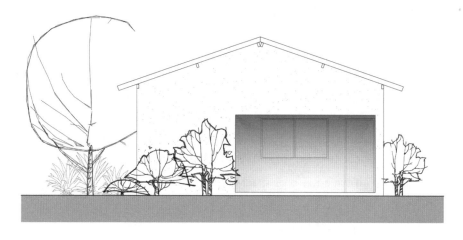

Figura 5.13 – Fachada principal. Fonte: elaborado pelos autores.

O desenho da fachada contém:

- paredes externas em vista com diferenciação de peso gráfico (objetos mais próximos com linha larga e objetos mais afastados com linha estreita);
- janelas e portas visíveis;
- materiais de acabamento;
- cobertura;
- linha do terreno;
- título do desenho e escala utilizada.

 Quando da utilização de softwares de computação gráfica como AutoCAD ou Revit, a espessura das linhas para representação das elevações deverá seguir a dimensão de:

- 0,05 representando as hachuras de revestimento;
- 0,10 representando as arestas em vista mais distantes e hachura da cobertura;
- 0,15 representando as arestas em vista intermediárias;
- 0,20 representando as arestas em vista intermediárias;
- 0,25 representando as arestas em vista mais próximas do plano da elevação;
- 0,50 representando o perfil adotado do terreno.

IMPLANTAÇÃO

Uma implantação (Figura 5.14), assim como os demais desenhos, tem o seu detalhamento conforme a fase do projeto: estudo preliminar, anteprojeto ou projeto executivo. (Observação: é sempre a folha nº 1 do conjunto.)

A implantação contém no mínimo:

- limite da construção (hachurada);
- Norte;
- nome da rua;
- passeio público;
- dimensões do terreno;
- dimensões da edificação;
- recuos;
- cotas de nível;
- vegetação existente;
- área permeável;
- área pavimentada diferenciando circulação de pedestres e de veículos;
- taludes;
- passeios;
- indicativo de acessos de automóveis;
- indicativo de acessos de pedestres;
- rampas e escadas externas;
- curvas de nível existentes;
- muros de divisa;
- gradil.

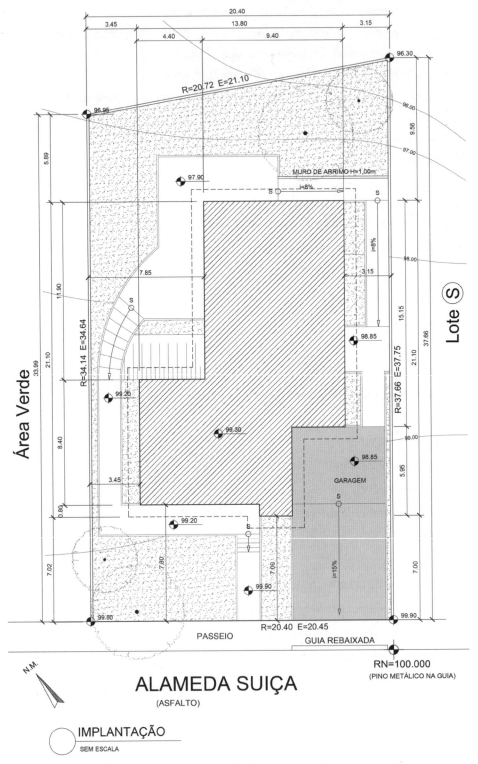

Figura 5.14 – Modelo implantação para estudo preliminar. Fonte: elaborado pelos autores.

Quando da utilização de softwares de computação gráfica como AutoCAD ou Revit, recomenda-se a criação de blocos para inserção de veículos, vegetação e mobiliário. Para espessura das linhas para representação da Implantação deverá seguir a dimensão de:

- 0,05 representando as hachuras de revestimento de piso;
- 0,10 representando as linhas de piso, desníveis, escadas, rampas, limite das áreas pavimentadas e linhas de cota;
- 0,15 representando muretas baixas, indicação de talude, curvas de nível, projeção, hachura de área construída, cotas de nível, linhas de indicações, mobiliários e vegetação arbustiva;
- 0,20 representando muros, gradis e indicação do norte;
- 0,25 representando a vegetação arbórea;
- 0,35 representando o limite da construção.

CAPÍTULO VI
DICAS PRÁTICAS DE REPRESENTAÇÃO GRÁFICAS DE PROJETO

TRAÇADO

- O desenho de arquitetura deve ser claro, preciso e bem executado. Além desses requisitos, ele deve ser feito em um menor tempo, mantendo-se a qualidade.

- A escolha do formato do papel depende da dimensão do projeto e da escala na qual será executado. Como já visto, para cada etapa e tipo de projeto, adotam-se determinadas escalas.

- O desenho deve ser centralizado na folha. Não esquecer de considerar as cotas externas como área de desenho.

- Começar pelas dimensões totais da edificação. Este procedimento evita que erros sejam cometidos. Caso fossem marcadas as dimensões parciais, haveria a probabilidade de uma dessas parciais estar errada e este erro seria transmitido para o total do desenho. Talvez isso fosse percebido somente em uma etapa mais adiantada do desenho.

- As linhas de construção devem ser feitas com a lapiseira 0,3 mm (traço estreito, contínuo e sem reforçar). Primeiramente riscam-se as paredes da edificação (Figura 6.1 – passo 1).

- Após traçar todas as linhas verticais e horizontais, ainda com traço 0,3 mm, marcar os detalhes: abertura de portas e janelas, escadas etc. (Figura 6.1 – passo 2 e passo 3).

- Reforçar o desenho somente no final. Inicia-se com o reforço dos traços em 0,5 mm e depois os traços em 0,7 mm ou 0,9 mm, de cima para baixo, da esquerda para a direita. Essa ordem deve ser respeitada, pois se evita que o desenho suje durante o processo (Figura 6.1 – passo 4).

- No desenho feito em computador, as linhas já são definidas previamente e, portanto o traço já é desenhado na espessura final.

- Quando já definida a concepção do projeto (croqui), a planta da edificação é o primeiro desenho executado, a partir dela, devem ser feitos os demais desenhos, isto é, deve-se usá-la como base para a planta de cobertura e para a execução dos cortes e fachadas. Isto ocorre devido ao fato de que em todos os desenhos, haverá dimensões comuns entre eles.

Exemplo do passo a passo de confecção de um desenho arquitetônico (Figura 6.1).

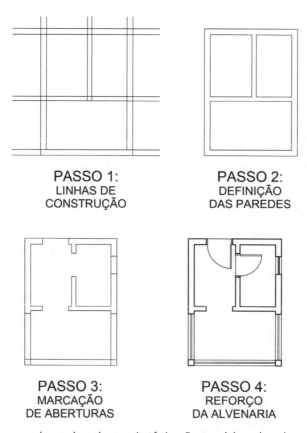

Figura 6.1 – Passo a passo de um desenho arquitetônico. Fonte: elaborado pelos autores.

HACHURAS

A representação dos materiais auxilia a compreensão do projeto. Dependendo da escala do desenho os materiais são representados segundo a Figura 6.2.

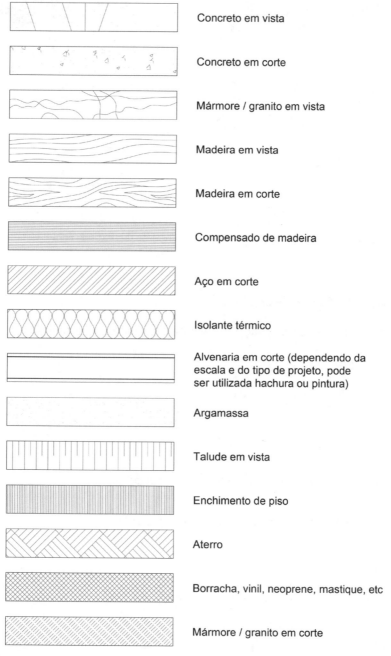

Figura 6.2 – Representação de materiais mais utilizados. Fonte: elaborado pelos autores.

Em projetos destinados à reforma, com elementos construtivos a serem ampliados, a permanecer e a demolir, devem ser adotadas hachuras específicas que representem essas etapas (Figura 6.3).

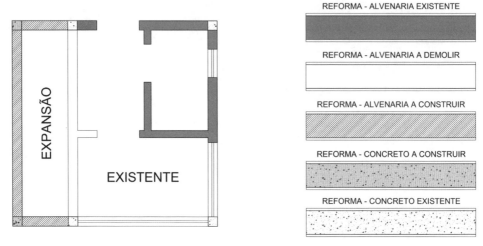

Figura 6.3 – Hachuras empregadas para identificação em projeto de reforma. Fonte: elaborado pelos autores.

HUMANIZAÇÃO DE PLANTA

Alguns exemplos de representação de árvores em planta (Figura 6.4).

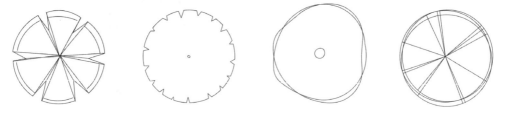

Figura 6.4 – Figuras de árvores em planta. Fonte: elaborado pelos autores.

Representação de árvores em vista (fachada) (Figura 6.5).

Figura 6.5 – Figuras de árvores em vista. Fonte: elaborado pelos autores.

Representação de figuras humanas (Figura 6.6).

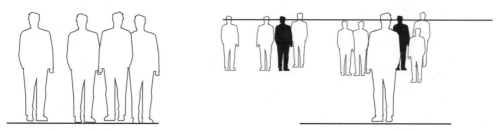

Figura 6.6 – Figura de pessoas em vista. Fonte: elaborado pelos autores.

CAPÍTULO VII
CIRCULAÇÃO VERTICAL

ESPAÇOS DE CIRCULAÇÃO

- Privativo: recomenda-se no mínimo 0,90 m de acordo com o Código Sanitário do Estado São Paulo;

- Coletivo: largura mínima recomendável para rampas em rotas acessíveis é de 1,50 m sendo o mínimo admissível 1,20 m, de acordo com a norma ABNT NBR 9050.

RAMPAS

As rampas são planos inclinados que ligam dois ou mais níveis, com ou sem patamares. São consideradas rampas superfícies de piso com declividade igual ou superior a 5%.

As dimensões mínimas de largura e inclinação das rampas são especificadas pela legislação municipal e pela NBR 9050.

Sua representação é feita como apresentado na Figura 7.1.

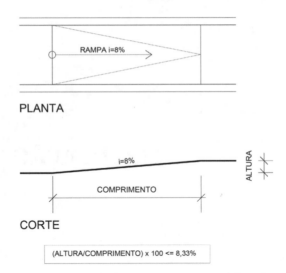

Figura 7.1 – Representação de planta e vista de uma rampa. Fonte: elaborado pelos autores.

Cálculo da inclinação de uma rampa:

$$i\% = \frac{\text{altura}}{\text{comprimento}}$$

ESCADAS

Uma sequência de três degraus ou mais é considerada escada.

Os degraus devem apresentar altura "a" (espelho) e largura "L" (piso) dispostos de forma a assegurar passagem com altura livre recomendável de 2,10 m (dois metros e dez centímetros) respeitando as seguintes dimensões (Figura 7.2):

a) escada privativa:
    a ≤ 0,19 m e L ≤ 0,25 m

b) escada coletiva de acordo com NBR 9050:
    pisos (p) 0,28 m ≤ p ≤ 0,32 m e
    espelhos (e) 0,16 m ≤ e ≤ 0,18 m

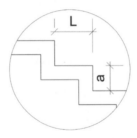

Figura 7.2 – Detalhe de degrau. Fonte: elaborado pelos autores.

Circulação vertical

Nas escadas são obrigatórios patamares intermediários sempre que (Figuras 7.3 e 7.4):

- a escada vencer desnível superior a 3,25 m;
- Acima de dezesseis espelhos.

Observação:
Os patamares podem ter a profundidade com a mesma dimensão da largura da escada.

Para conforto, a escada deve ainda atender à fórmula de Blondel:

$$2a + L = 63 \text{ cm}$$

Onde: a = espelho; L = piso.

A NBR 9050 aceita a variação de 63 cm $\leq 2a + L \leq$ 65 cm.

Note que o número de pisos equivale ao número de espelhos menos 1 unidade, em cada lance de escada.

$$NL = Na - 1$$

As escadas devem ter corrimão com altura de 0,92 m e 0,70 m nos seguintes casos:

- de ambos os lados, para escada com largura igual ou superior a 1,20 m (coletiva);
- intermediário quando a largura for igual ou superior a 2,40 m de forma a garantir largura mínima de 1,20 m para cada lance.

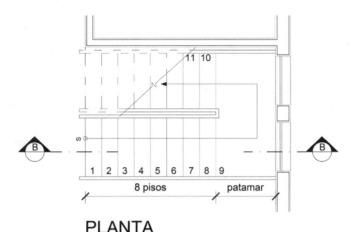

PLANTA

Figura 7.3 – Modelo de escada em planta. Fonte: elaborado pelos autores.

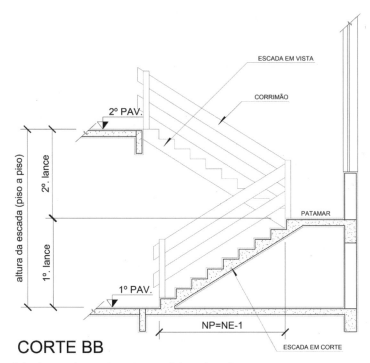

Figura 7.4 – Modelo de escada em vista. Fonte: elaborado pelos autores.

Construção de uma escada reta sem patamares. Exemplo com quinze pisos e dezesseis espelhos (Figuras 7.5 a 7.9). Dado um desnível "d" pré-determinado:

1. Para dividir um desnível "d" qualquer em dezesseis partes iguais, traçar uma linha auxiliar (OB) com qualquer inclinação, e origem em "O", formando o triângulo ΔOAB. O comprimento de OB escolhido deve ser facilmente divisível em dezesseis partes iguais (nº dos espelhos) com o uso de uma escala plana (régua) (Figura 7.5).

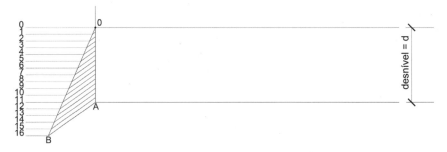

Figura 7.5 – Construção do corte, definição dos espelhos. Fonte: elaborado pelos autores.

2. A partir do ΔOAB, pelo Teorema de Thales, traçar paralelas ao segmento AB, dividindo o desnível "d" também em dezesseis partes iguais (Figura 7.6).

3. Para a marcação dos pisos, caso o valor de cada piso seja pré-estabelecido, fazer a somatória. No caso da necessidade de se dividir um total pré-estabelecido em números de pisos iguais, proceder como nos itens 1 e 2 (Figura 7.6).

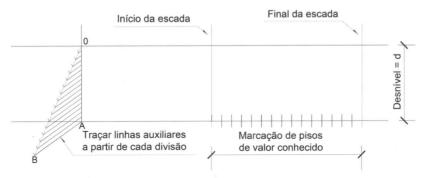

Figura 7.6 – Construção do corte, definição dos pisos. Fonte: elaborado pelos autores.

4. Estender as linhas dos pisos e dos espelhos.

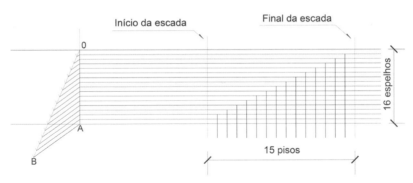

Figura 7.7 – Intersecção das linhas dos pisos com as dos espelhos. Fonte: elaborado pelos autores.

5. Reforçar o grafite para obter o desenho da escada (Figuras 7.8 e 7.9).

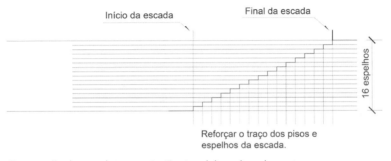

Figura 7.8 – Construção da escada em corte. Fonte: elaborado pelos autores.

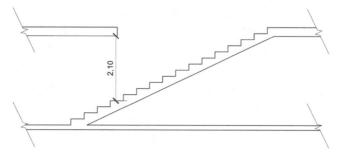

Figura 7.9 – Modelo de escada de um lance em vista. Fonte: elaborado pelos autores.

Observações:

1. É recomendável deixar uma altura de no mínimo 2,10 m acima dos degraus, para permitir o acesso ao pavimento superior (Figura 7.9).
2. Todos os espelhos de uma mesma escada devem ter a mesma dimensão.
3. Todos os pisos de uma mesma escada devem ter a mesma dimensão.
4. A largura das escadas coletivas deve ser estabelecida de acordo com o fluxo de pessoas conforme ABNT NBR 9077. A largura mínima para escadas em rotas acessíveis é de 1,20 m.

CAPÍTULO VIII
MADEIRAMENTO DO TELHADO

Para facilitar a descrição, este método pode ser dividido em armação e trama.

Armação: É a parte estrutural propriamente dita. É constituída pelas:

- tesouras;
- cantoneiras;
- escoras;
- meia tesoura.

Trama: É o quadriculado constituído de terças, caibros e ripas que se apoiam sobre a armação e por sua vez servem de apoio às telhas.

Para todas as peças de armação e trama é utilizada a peroba como madeira padrão por ser mais resistente ao apodrecimento e também por ser, entre as madeiras de lei, a mais econômica e comum no sul do Brasil.

Outras madeiras também utilizadas (mais duras): ipê, cabreúva, aroeira e carvalho. Importante observar que sejam utilizadas madeiras certificadas.

TIPOS DE TESOURA

Dependendo do vão a vencer (Figuras 8.1 a 8.3).

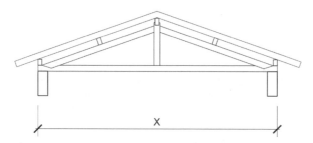

Figura 8.1 – Tipo tesoura com vão de 3 a 6 metros. Fonte: elaborado pelos autores.

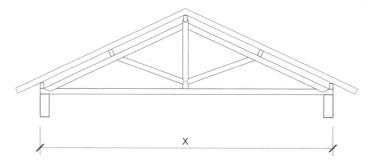

Figura 8.2 – Tipo tesoura com vão de 6 a 8 metros. Fonte: elaborado pelos autores.

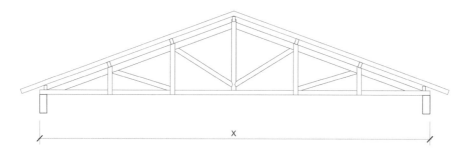

Figura 8.3 – Tipo tesoura com vão até 13 metros. Fonte: elaborado pelos autores.

FORÇAS APLICADAS NA TESOURA

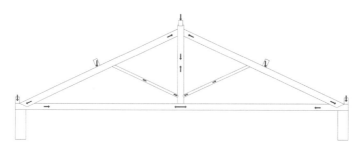

Figura 8.4 – Indicação das forças que atuam nos elementos das tesouras. Fonte: elaborado pelos autores.

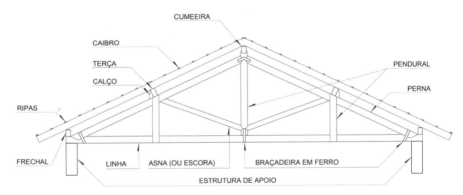

Figura 8.5 – Componentes da estrutura do telhado. Fonte: elaborado pelos autores.

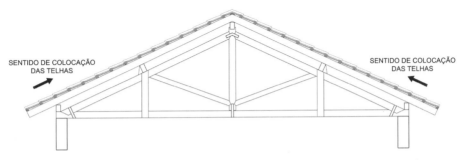

Figura 8.6 – Telhado completo com sentido de colocação das telhas. Fonte: elaborado pelos autores.

O dimensionamento das peças segue a Tabela 8.1.

Tabela 8.1 – Nomenclatura das peças e tamanhos usuais

Linha de tesoura	7,5 x 15 cm	3" x 6"
Pendural	7,5 x 15 cm	3" x 6"
Perna	7,5 x 12,5 cm	3" x 5"
Escora, mão francesa ou asna	7,5 x 12,5 cm	3" x 5"
Frechal, terça e cumeeira	Terças – suas dimensões variam dependendo do espaçamento entre as próprias terças	
Caibros	Dimensões variam de acordo com o espaçamento entre as terças	
Ripas	1,5 x 0,5	½" x 2"
Estribo e braçadeira	Cintas de metal (aço) colocadas para evitar o deslocamento das peças	
Calço	Peça de madeira colocada para evitar o deslocamento das terças	

Fonte: COSTA, 1997.

> **Observação:**
> Os vãos e o espaçamento entre as peças são sempre dados de eixo a eixo.

ESPAÇAMENTO ENTRE PEÇAS

1. As tesouras devem ser espaçadas, no máximo, de 4 em 4 metros.
2. As terças podem ser encaixadas, no máximo, de 3 em 3 metros (Tabela 8.2).

Tabela 8.2 – Dimensionamento das terças

Distância entre terças em metros	Distância entre as tesouras			
	2,50 m	3,00 m	3,50 m	4,00 m
1,50 m	3" x 5"	3" x 6"	3" x 7"	3" x 8"
2,00 m	3" x 6"	3" x 7"	3" x 8"	3" x 9"
2,50 m	3" x 7"	3" x 8"	3" x 9"	3 ½" x 9"
3,00 m	3" x 8"	3" x 9"	3 ½" x 9"	4" x 10"

Fonte: COSTA, 1997.

Os caibros devem ter espaçamento máximo de 50 em 50 centímetros para que se possam usar as ripas de 1,5 x 0,5 centímetros (Tabela 8.3).

Tabela 8.3 – Dimensão dos caibros

Distância entre terças	Em polegadas	Em centímetros (aproximadamente)
1,50 m	2" x 3"	5 x 7,5
2,00 m	2" x 3"	5 x 7,5
2,50 m	3" x 3"	7,5 x 7,5
3,00 m	3 ½ " x 4"	8,8 x 10

Fonte: COSTA, 1997.

As telhas se apoiam diretamente nas ripas, portanto, devem ter o espaçamento definido de acordo com a telha que vai ser utilizada.

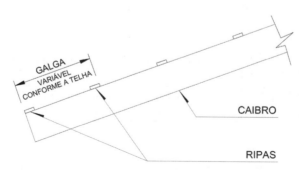

Figura 8.7 – Exemplo do espaçamento utilizado para telhas francesas. Fonte: elaborado pelos autores.

> **Observação:**
> A telha paulista (canal ou colonial) pode se apoiar diretamente sobre os caibros, sem a utilização de ripas (Figura 8.8).

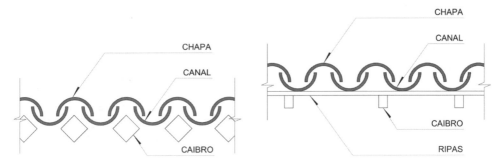

Figura 8.8 – As telhas se encaixam umas nas outras. Fonte: elaborado pelos autores.

A inclinação da cobertura está diretamente relacionada com o tipo de telha (Tabela 8.4).

Tabela 8.4 – Inclinações, vãos máximos e balanços máximos

Tipos de telha	Inclinação mínima	Vão máximo	Balanço máximo
Chapas onduladas	17,6%	1,65 m	0,40 m
Meios tubos ou bandeja	s/ recobrimento 3% c/ recobrimento 9%	de 1,30 m a 2,00 m	0,80 m
Canaletes 43	s/ recobrimento 3% c/ recobrimento 9%	5,50 m	1,50 m
Canaletes 90	s/ recobrimento 3% c/ recobrimento 9%	7,00 m	2,00 m
Perfis metálicos especiais	2%	de 10,00 m a 40,00 m sob encomenda	4,50 m

Fonte: COSTA, 1997.

> **Observação:**
> Esta tabela só é válida para efeito de escolha de tipo de telha na fase do anteprojeto. Para o projeto executivo é necessário consultar os catálogos dos fabricantes.

PLANTA DE COBERTURA COM DESENHO DO MADEIRAMENTO

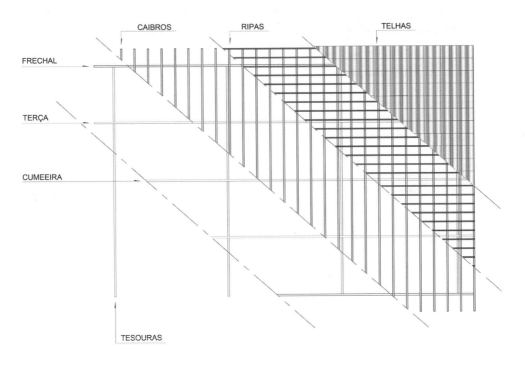

COMPONENTES DO TELHADO EM CAMADAS

Figura 8.9 – Telhado e seus componentes. Fonte: elaborado pelos autores.

CAPÍTULO IX
FASES DO PROJETO DE ARQUITETURA

REPRESENTAÇÃO GRÁFICA E ETAPAS DE ELABORAÇÃO DE PROJETOS

Para cada etapa de elaboração de projeto, independentemente das soluções que venham a ser adotada, uma série específica de informações deve ser fornecida, com normas para sua representação gráfica.

De posse das informações para elaboração do projeto, incluindo levantamento topográfico e programa arquitetônico elaborado, devem-se consultar as normas técnicas pertinentes (ABNT e outros órgãos correlatos) e a legislação específica de Uso e Ocupação do Solo, além de Códigos de Obras e Sanitário.

ÁREAS TÉCNICAS

Um projeto completo é composto pelos projetos das diversas áreas técnicas envolvidas, devendo ser identificados pelas iniciais: Arquitetura (ARQ); Estrutura (EST); Hidráulica (HID); Elétrica (ELE); Paisagismo (PAI); Incêndio (INC).

ETAPAS DOS PROJETOS

1ª etapa: Estudo Preliminar (EP);

2ª etapa: Anteprojeto (AP);

3ª etapa: Projeto Executivo (PE);

4ª etapa: Projeto de aprovação junto aos órgãos competentes;

5ª etapa: Documentação como construído ("as built").

ESTUDO PRELIMINAR (EP)

O Estudo Preliminar de Arquitetura configura o partido adotado e permite verificar a adequação do projeto em relação às principais diretrizes e condicionantes ambientais, técnicos e legais.

Basicamente, devem ser representados e permitir análise de:

1. ocupação do terreno resultante (taxas de ocupação e índice de aproveitamento);

2. número de pavimentos adotados e fatores que o condicione;

3. movimento de terra e/ou muros de arrimo resultantes;

4. insolação e ventilação dos ambientes;

5. inter-relacionamento dos ambientes;

6. área de cada ambiente e área total construída;

7. principais elementos que configuram a edificação – tipo de estrutura (materiais), tipo de cobertura, tipo(s) de vedos;

8. adequação dos acessos quanto à localização e barreiras arquitetônicas.

Produtos gráficos

Implantação	escala 1:100 ou 1:200
Planta dos pavimentos e da cobertura	escala 1:50 ou 1:100
Cortes transversais e longitudinais	escala 1:50 ou 1:100
Elevações	escala 1:50 ou 1:100
Estudo de movimentação de terra	escala 1:100 ou 1:200

Informações e representações que devem constar dos elementos gráficos

Topografia (EP):

- curvas de nível do terreno natural;
- cotas de nível das vias de acesso;
- orientação Norte-Sul;
- acessos;
- fechamentos (muros, cercas etc.);
- portões e destinação (pedestres, veículos, cargas etc.);
- construções lindeiras (uso, características, delimitação).

Fases do projeto de arquitetura

Implantação (EP):

- limites do terreno (divisas identificadas por rumos ou azimute e distâncias);
- curvas de nível;
- Norte;
- vegetação existente e a preservar, se houver;
- acidentes notáveis (cursos d'água, taludes, talvegues, erosões etc.);
- locação do edifício (cotas de recuos e planta dos níveis de acesso);
- cotas de nível de implantação;
- limites da edificação;
- cotas de dimensionamento da edificação;
- beirais (projeção);
- indicação dos acessos;
- indicação da área construída;
- recuos dos limites do terreno;
- amarração do edifício aos limites do terreno.

Plantas dos pavimentos, cortes longitudinais e transversais (EP):

- indicação dos ambientes;
- cotas de níveis;
- indicação dos elementos construtivos (caixilharia);
- telhado: tipo de telhas, estrutura de sustentação, inclinações, beirais, calhas, forro;
- estrutura: tipo e dimensões;
- paredes: tipo (material) e espessura.

ANTEPROJETO (AP)

O anteprojeto de arquitetura é desenvolvimento do Estudo Preliminar. Deve conter informações mínimas além dos aspectos referentes à implantação no terreno, edificação principal e secundárias, acessos externos e pavimentados.

Produtos gráficos

Os produtos gráficos abaixo identificados são os *mínimos* a serem apresentados, podendo ser solicitados, pelo professor responsável pela disciplina, outros elementos em escalas adequadas.

Implantação	escala 1:100 ou 1:200
Planta e cortes de terraplenagem	escala 1:100 ou 1:200
Planta dos pavimentos	escala 1:50
Planta de cobertura	escala 1:50
Cortes transversais e longitudinais	escala 1:50
Elevações	escala 1:50 ou 1:100

Informações e representações que devem constar dos elementos gráficos

Topografia (AP):

- curvas de nível do terreno natural;
- cotas de nível das vias de acesso;
- orientação Norte-Sul;
- acessos;
- fechamentos (muros, cercas etc.);
- portões e destinação (pedestres, veículos, cargas etc.);
- construções lindeiras (uso, características, delimitação).

Implantação (AP):

- croquis de localização do terreno (sem escala, logo acima do carimbo);
- orientação Norte/Sul;
- curvas de nível;
- ruas circundantes (nomes e larguras);
- construções existentes e/ou a demolir;
- vegetação a preservar;
- acidentes notáveis;
- cotas de nível;
- eixos de referência de acordo com modulação/cotas;
- indicação dos ambientes;
- posicionamento das aberturas;
- indicação de juntas de dilatação;
- locação de canaletas para águas pluviais, alambrados e fechamentos de áreas externas;

Fases do projeto de arquitetura

- locação de reservatórios de água;
- fechamento do terreno (muros, cercas, portões);
- áreas pavimentadas: tipo de piso, dimensões, caimentos de rampas, escadas (número e dimensões de degraus);
- áreas gramadas e taludes;
- muros de arrimo: locação, extensão e altura;
- entradas de água, luz, telefone: localização dos abrigos;
- recuos dos limites do terreno;
- amarração dos eixos do edifício aos limites do terreno.

Plantas dos pavimentos, cortes longitudinais e transversais (AP):

- eixos de referência de acordo com a modulação/cotas;
- indicação dos ambientes;
- cota de nível;
- indicação dos elementos construtivos (caixilharia);
- telhado: tipo de telhas, estrutura de sustentação, inclinações, beirais, calhas, forro;
- estrutura: tipo e dimensões;
- paredes: tipo e espessura;
- revestimentos internos e externos (paredes, teto e pisos).

Elevações (AP):

- eixos de referência;
- revestimentos externos.

Planta de cobertura (AP):

- eixos de referência;
- tipo e dimensões da telha;
- inclinação;
- estrutura de sustentação;
- arremates (tabeiras, platibandas);
- calhas, lajes e marquises: caimento e impermeabilização;
- posicionamento dos condutores verticais e/ou buzinotes.

Planta e cortes de terraplenagem (AP):

- delimitação dos patamares: amarração ao terreno;
- cotas de nível;
- taludes: inclinação e limites (pé e crista);
- zonas de corte e aterro;
- muros de arrimo: locação, extensão e altura.

PROJETO EXECUTIVO (PE)

O Projeto Executivo de Arquitetura deve conter todas as informações necessárias para o pleno entendimento do projeto e execução da obra. É a última etapa de elaboração do projeto devendo contemplar todas as informações para plena exequibilidade em obra civil.

Produtos gráficos

Os produtos gráficos abaixo identificados são os *mínimos* a serem apresentados, podendo ser solicitados, pelo professor responsável pela disciplina, outros elementos em escalas adequadas.

Implantação	escala 1:200
Planta e cortes de terraplenagem	escala 1:200
Planta dos pavimentos	escala 1:50
Planta de cobertura	escala 1:50
Cortes transversais e longitudinais	escala 1:50
Elevações	escala 1:50 ou 1:100
Pormenores (detalhes construtivos)	escala 1:10 e/ou outras adequadas

Informações e representações que devem constar dos elementos gráficos

Topografia (PE):
- curvas de nível do terreno natural;
- cotas de nível das vias de acesso;
- orientação Norte-Sul;
- acessos;
- fechamentos (muros, cercas etc.);
- portões e destinação (pedestres, veículos, cargas etc.);
- construções lindeiras (uso, características, delimitação).

Fases do projeto de arquitetura

Implantação (PE):

- croquis de localização do terreno (sem escala, logo acima do carimbo);
- dimensionamento do terreno (real);
- orientação Norte/Sul;
- curvas de nível;
- ruas circundantes (nomes e larguras);
- construções existentes ou a demolir;
- vegetação a preservar;
- acidentes notáveis;
- cotas de nível;
- eixos de referência de acordo com modulação/cotas;
- indicação dos ambientes;
- posicionamento das aberturas;
- locação de canaletas para águas pluviais, alambrados e fechamentos de áreas externas;
- locação de reservatórios de água;
- fechamento do terreno (muros, cercas, portões);
- áreas pavimentadas: tipo de piso, dimensões, caimentos de rampas, escadas (número e dimensões de degraus);
- áreas gramadas e taludes;
- muros de arrimo: locação, extensão e altura;
- entradas de água, luz, telefone: localização dos abrigos;
- recuos dos limites do terreno;
- amarração dos eixos do edifício aos limites do terreno.

Plantas dos pavimentos, cortes longitudinais e transversais (PE):

- eixos de referência de acordo com a modulação/cotas;
- indicação dos ambientes;
- cota de nível;
- pormenores: detalhes de encontro de estruturas e alvenarias, rufos, cobertura, alvenarias e outros necessários ao bom entendimento do projeto;
- indicação dos elementos e componentes construtivos;
- telhado: tipo de telhas, estrutura de sustentação, inclinações, beirais, calhas, condutores, indicação de pormenores;

- forro: tipo e fixação, indicação de pormenores;
- estrutura: indicação dos elementos estruturais;
- paredes: tipo e espessura; indicação de pormenores;
- revestimento internos e externos (paredes, teto e pisos).

Elevações (PE):

- eixos de referência;
- revestimentos externos.

Planta de cobertura (PE):

- eixos de referência;
- tipo e dimensões da telha;
- inclinação;
- estrutura de sustentação;
- arremates (tabeiras, platibandas);
- calhas, lajes e marquises: caimento e impermeabilização;
- posicionamento dos condutores verticais e/ou buzinotes;
- indicação de reservatório incorporado ao prédio, se for o caso.

Planta e cortes de terraplenagem (PE):

- delimitação dos patamares: amarração ao terreno;
- cotas de nível;
- taludes: inclinação e limites (pé e crista);
- zonas de corte e aterro;
- muros de arrimo: locação, extensão e altura.

PORMENORES DIVERSOS (PE)

Todos os pormenores indicados deverão ser representados em escala adequada para plena compreensão e exequibilidade. As escalas adotadas deverão ser adequadas à legibilidade plena e os desenhos poderão ser incluídos nas folhas onde são indicados ou em folhas acrescentadas para tal finalidade.

PROJETO DE APROVAÇÃO JUNTO AOS ÓRGÃOS COMPETENTES

O projeto de aprovação juntos aos órgãos deverá seguir o padrão solicitado por cada órgão específico, prefeitura dos municípios, corpo de bombeiros, meio ambiente, assim como, o que determinará quais as aprovações necessárias será o uso e tipo de projeto.

DOCUMENTAÇÃO COMO CONSTRUÍDO ("AS BUILT")

Última revisão do projeto executivo, em que a representação gráfica constante no projeto da edificação está condizente com a obra acabada, ou seja, todas as alterações realizadas durante a obra devem estar devidamente registradas nesse documento e podem facilitar as manutenções ou intervenções na edificação.

CAPÍTULO X
EXERCÍCIOS RESOLVIDOS

1. Construa os cortes AA, BB e fachada principal das plantas a seguir (Figuras 10.1 e 10.2).

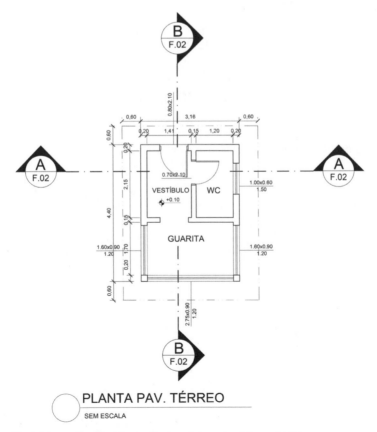

Figura 10.1 – Planta do pavimento térreo. Fonte: elaborado pelos autores.

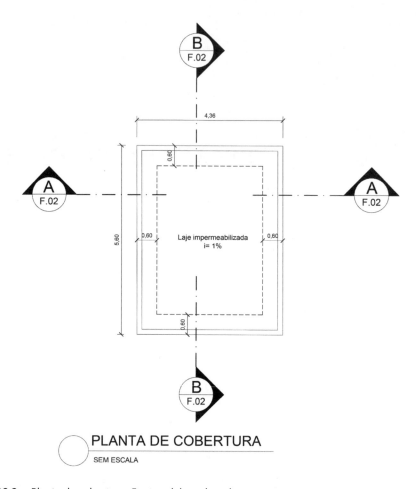

Figura 10.2 – Planta de cobertura. Fonte: elaborado pelos autores.

Exercícios resolvidos

111

Respostas:

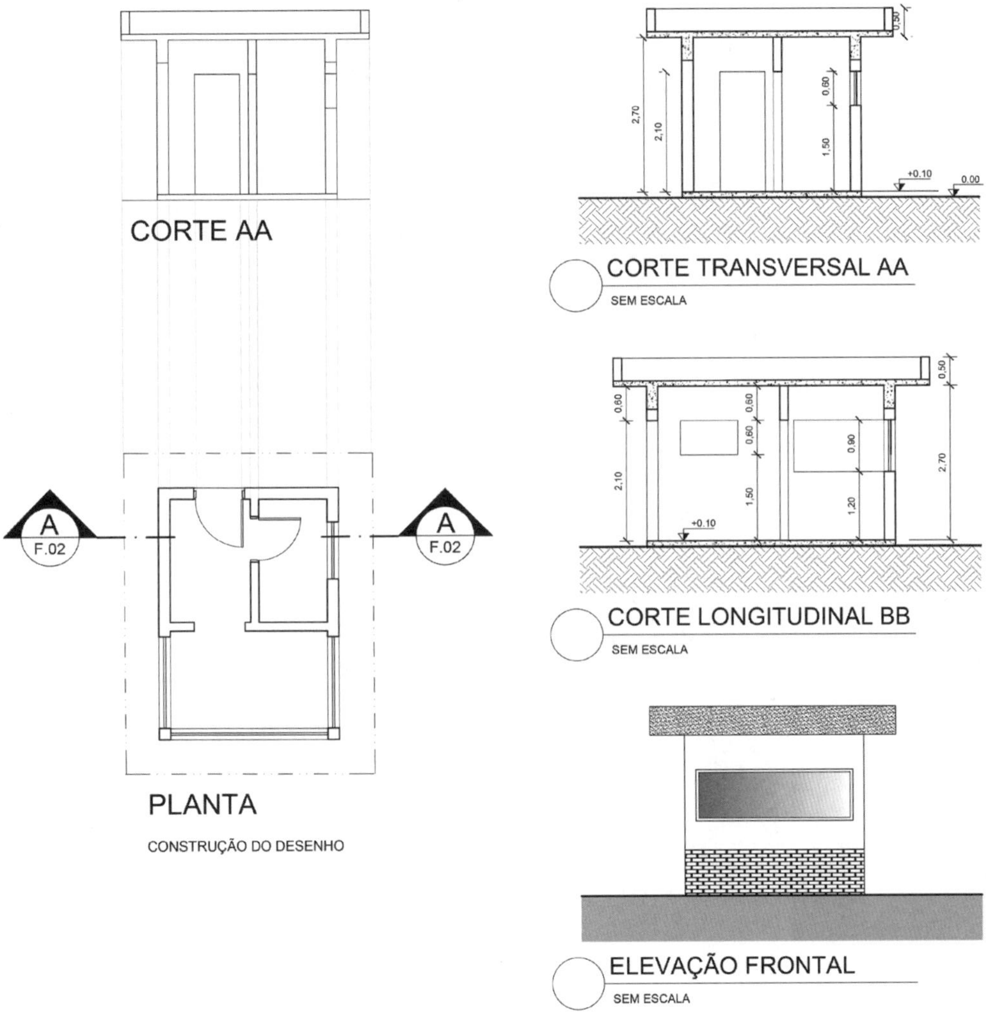

CORTE AA

CORTE TRANSVERSAL AA
SEM ESCALA

PLANTA

CONSTRUÇÃO DO DESENHO

CORTE LONGITUDINAL BB
SEM ESCALA

ELEVAÇÃO FRONTAL
SEM ESCALA

Figura 10.3 – Construção do corte, cortes e elevação finalizados. Fonte: elaborado pelos autores.

2. Construa os cortes AA, BB e fachada principal das plantas a seguir (Figuras 10.4 a 10.6).

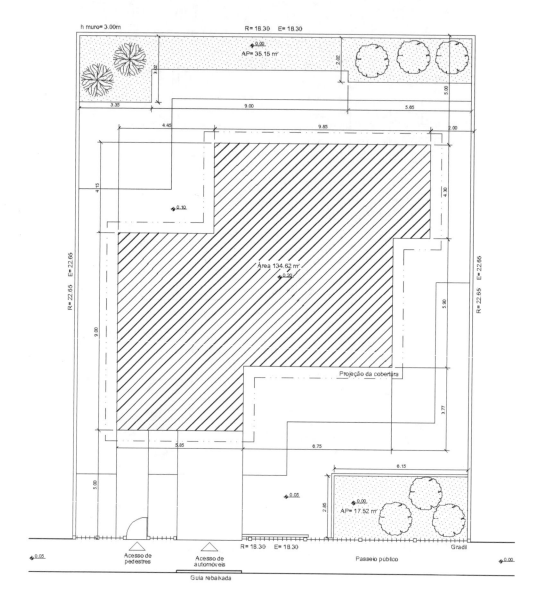

Figura 10.4 – Modelo de implantação com indicações. Fonte: elaborado pelos autores.

Exercícios resolvidos 113

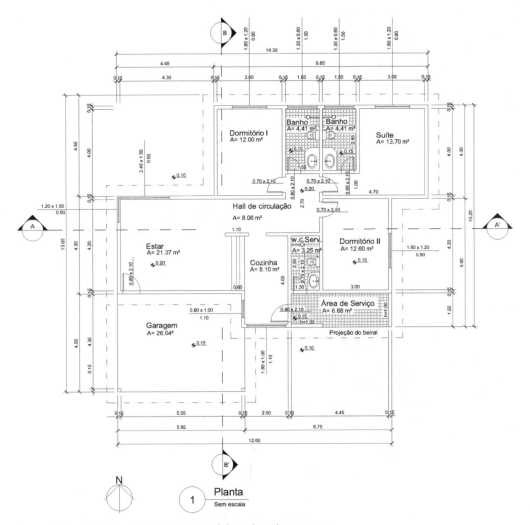

Figura 10.5 – Modelo de planta. Fonte: elaborado pelos autores.

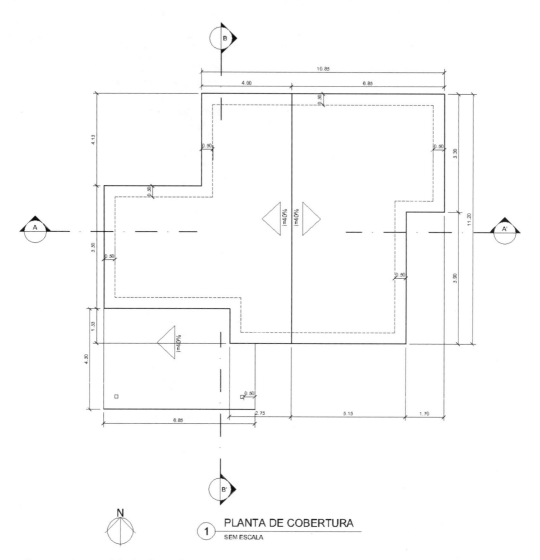

Figura 10.6 – Modelo de planta de cobertura com indicações. Fonte: elaborado pelos autores.

Exercícios resolvidos

Respostas:

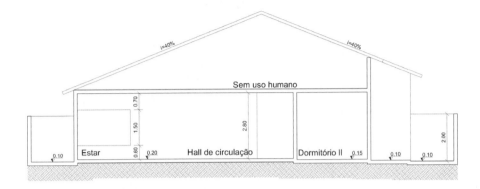

Figura 10.7 – Resposta do corte transversal. Fonte: elaborado pelos autores.

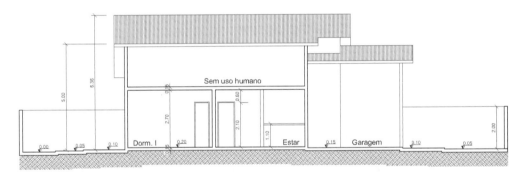

Figura 10.8 – Resposta do corte longitudinal. Fonte: elaborado pelos autores.

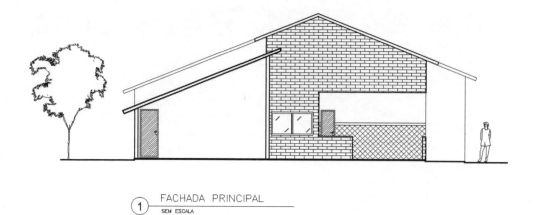

Figura 10.9 – Resposta da fachada principal. Fonte: elaborado pelos autores.

REFERÊNCIAS

ASSOCIAÇÃO BRASILEIRA DE NORMAS TÉCNICAS. *NBR 16752*: Requisitos para apresentação em folhas de desenho. Rio de Janeiro: ABNT, 2020.

ASSOCIAÇÃO BRASILEIRA DE NORMAS TÉCNICAS. *NBR 16861*: Requisitos para representação de linhas e escrita. Rio de Janeiro: ABNT, 2020.

ASSOCIAÇÃO BRASILEIRA DE NORMAS TÉCNICAS. *NBR 10067*: Princípios gerais de representação em desenho técnico – Procedimento. Rio de Janeiro: ABNT, 1995.

ASSOCIAÇÃO BRASILEIRA DE NORMAS TÉCNICAS. *NBR 12298*: Representação de hachuras em desenho técnico – Procedimento. Rio de Janeiro: ABNT, 1995.

ASSOCIAÇÃO BRASILEIRA DE NORMAS TÉCNICAS. *NBR 10126*: Cotagem em desenho técnico – Procedimento. Rio de Janeiro: ABNT, 1998.

ASSOCIAÇÃO BRASILEIRA DE NORMAS TÉCNICAS. *NBR 5671*: Participação dos intervenientes em serviços e obras de engenharia e arquitetura. Rio de Janeiro: ABNT, 1991.

ASSOCIAÇÃO BRASILEIRA DE NORMAS TÉCNICAS. *NBR 16636-1*: Elaboração e desenvolvimento de serviços técnicos especializados de projetos arquitetônicos e urbanísticos – Parte 1: Diretrizes e terminologia. Rio de Janeiro: ABNT, 2017.

ASSOCIAÇÃO BRASILEIRA DE NORMAS TÉCNICAS. *NBR 16636-2*: Elaboração e desenvolvimento de serviços técnicos especializados de projetos arquitetônicos e urbanísticos – Parte 2: Projeto arquitetônico. Rio de Janeiro: ABNT, 2017.

ASSOCIAÇÃO BRASILEIRA DE NORMAS TÉCNICAS. *NBR 16636-3*: Elaboração e desenvolvimento de serviços técnicos especializados de projetos arquitetônicos e urbanísticos – Parte 3: Projeto urbanístico. Rio de Janeiro: ABNT, 2020.

ASSOCIAÇÃO BRASILEIRA DE NORMAS TÉCNICAS. *NBR 6492*: Documentação técnica para projetos arquitetônicos e Urbanisticos – Requisitos. 2. ed. Rio de Janeiro: ABNT, 2021.

ASSOCIAÇÃO BRASILEIRA DE NORMAS TÉCNICAS. *NBR 9077*: Saídas de emergências em edifícios. Rio de Janeiro: ABNT, 2001.

ASSOCIAÇÃO BRASILEIRA DE NORMAS TÉCNICAS. *NBR 9050*: Acessibilidade para portadores de deficiência. Rio de Janeiro: ABNT, 2020.

BOTELHO, M. H. C.; FREITAS, S. A. *Código de obras e edificações do município de São Paulo*: comentado e criticado. Lei n. 11.228 e Decreto n. 32.329 com modificações e acréscimos. São Paulo: Pini, 2008.

CHING, F. D. K. *Representação gráfica em arquitetura*. Porto Alegre: Bookman, 2000.

COSTA, A. F. *Detalhando a arquitetura III e IV*: telhados e escadas. Rio de Janeiro: [s. n.], 1997.

FERREIRA, P. *Desenho de arquitetura*. Rio de Janeiro: Ao Livro Técnico, 2004.

FRENCH, T. *Desenho técnico*. Porto Alegre: Globo, 1970.

MANDARINO, D. *et al*. *Expressão gráfica*: normas e exercícios. São Paulo: Plêiade, 2007.

SÃO PAULO (Estado). Lei nº 10.083, de 23 de setembro de 1998. Código Sanitário do Estado de São Paulo. Atualizada até o DOE de 20 de fevereiro de 2019.

VIEIRA, J. L. *Código de obras e edificações do município de São Paulo*. São Paulo: Edipro, 1992.

VIEIRA, J. L. *Código sanitário do estado de São Paulo*. São Paulo: Edipro, 2006.

VIZIOLI, Helena Tanoue; MARCELO, Virgínia C. C. *et al*. *Desenho Arquitetônico Básico*. São Paulo: Pini, 2009.

GRÁFICA PAYM
Tel. [11] 4392-3344
paym@graficapaym.com.br